지혜의 말씀 書(서)

지혜의 말씀 書(서)

초판 1쇄 인쇄일	2020년 10월 27일
초판 1쇄 발행일	2020년 11월 2일

지은이	양덕배
펴낸이	최길주

펴낸곳	도서출판 BG북갤러리
등록일자	2003년 11월 5일(제318-2003-000130호)
주소	서울시 영등포구 국회대로72길 6, 405호(여의도동, 아크로폴리스)
전화	02)761-7005(代)
팩스	02)761-7995
홈페이지	http://www.bookgallery.co.kr
E-mail	cgjpower@hanmail.net

ISBN 978-89-6495-194-1 03190

이 도서의 국립중앙도서관 출판시도서목록(CIP)은 e-CIP홈페이지(http://www.nl.go.kr/ecip)
와 국가자료공동목록시스템(http://www.nl.go.kr/kolisnet)에서 이용하실 수 있습니다.
(CIP제어번호 : CIP2020044360)

Pearls of Wisdom

사물의 이치를 빨리 깨닫고 아름다운 삶을 살기 위한 제언

지혜의 말씀
書(서)

양덕배 지음

B⋮G 북갤러리

명상의 마음 운영법

명상에 임하는 첫 번째 조건은 올바른 정신을 유지하고 있어야 하는 것이다.

이 올바른 정신을 유지하기 위해서는 호흡조절을 통한 깊고 맑은 생각으로 흐트러져 있는 마음들을 끌어 모아 하나의 마음으로 뭉치게 하는 반복되는 마음수련이 필요하게 된다. 비뚤어진 마음이나 마음그릇이 아주 작은 사람들은 절대로 명상에 임할 수 없다.

마음수련을 통하여 마음을 하나로 모아 정신이 집중되면, 생각으로 치달아서 대상물에 대한 사물에서 생각이 멈춰 있는, 그곳의 자기 영혼과 마음이 결합되게 해야 하는데, 이때에는 외부의 영향을 전혀 받지 않는 고요함 속에서 마음과 영혼이 결합이 되는 것이며, 이 상태의 지속이 명상의 시간이 되는 것이다.

명상의 시간을 늘리는 반복된 마음수련은 자기 마음의 문을 활짝 열어 두고 세상을 살아가는 사람으로 변하게 한다. 올바른 정신의 소유자는 마음의 문을 닫아 둘 필요가 전혀 없기 때문이다. 마음의 문을 활짝 열어두고 세상을 살아가는 사람들은 자연에 가장 가까운 사람이 되며, 신의 영감을 받는 도움이나 신의 보호를 받는 사람으로 존재하게 되는 것이다.

가부좌를 튼 채, 지그시 눈을 감고 꼿꼿한 자세로 앉아 있다 하여 '누구나 다 명상의 시간이다.'라고 말할 수는 없다. 가부좌를 튼, 이런 사람들의 경우는 명상의 실체가 뭔지 모르는 사람들이 대부분이고, 정신세계를 정화하는 정도에 지나지 않는다. 명상은 어떤 심오한 생각의 심층부로 파고드는 것이 아니고, 일상적인 삶에 유용한 지혜를 갖는 것이다.

덧붙여 명상으로 일구어낸 이 책에는 별처럼 영롱하게 빛나는 지혜의 말씀들이 많이 수록되어 있다.

2020년 10월

양덕배

차례

A. 생각, 명상

A. 생각, 명상

생각의 발전

생각에 의한 어떤 좋은 목표가 발생하게 되면, 목표를 향해 노력을 하는 일의 진행이 있게 되고, 일의 진행은 끝맺음의 결과를 가져 오고, 좋은 결과의 만족감은 밝은 마음을 형성하게 되고, 밝은 마음은 다시 동기부여에 의한 좋은 생각의 범위를 넓히는 진행을 돕는 것이다. 이는 생각의 수준이 발전하는 밑바탕이 된다.

"좋은 목적으로 시작한 처음의 작은 일이 시간이 지날수록 더 좋은 동기부여가 되어 가는 것이다."

혼자라는 것의 참의미

혼자라는 것의 참의미는 세상에 대하여 함부로 까불지 않게 되는 억제력이 되고, 다른 사람들과 친밀함을 유지하려고 노력하는 공손함의 발로

가 되어야 하며, 생각의 세상에서 놀 수 있는 지혜의 바탕이 되어야 하며, 마음이 성장할 수 있는 기회이기도 해야 하는 것이다. 이 혼자라는 것의 참의미를 모르고 혼자 생활하는 사람들은 자칫 나쁜 길의 인생으로 흐르게 될 수가 있다.

"혼자라는 것의 의미를 외로움이나 괴로움으로 받아들이는 사람들은 자칫 잘못된 나쁜 죄를 짓는 길로 갈 수도 있다."

명상

명상이란 뭔가 새로운 것을 추구하려는 것이 아니고, 인생을 바르게 살아가기 위한 다각적인 면의 깊은 생각 속으로 빠져드는 것이며, 자기 스스로를 가르치려는 깨달음의 마음수련인 것이다.

"정신통일을 위한 훈련을 명상으로 착각하지 말라."

생각의 문제

인생을 일장춘몽으로 여겨 덧없는 세월만 흘려보낼 것인가, 아니면 각고의 노력으로 입신양명하여 이름을 남길 것인가. '이래도 한세상 저래도 한세상 하면서 적당하게 인생을 살고 말 것인가.' 하는 마음의 결정은 자기의 생각에 의한 문제일 뿐이다. 그럼에도 사람들은 자기보다 남이 더 잘되면 은근히 마음에 가시가 돋는 존재로 변하게 된다.

"씨를 심어 놓지 않은 자는 수확할 것도 없다."

생각은 당신의 길잡이

생각을 깊이 있게 하고 좋은 방향으로 행동하면 좋은 인생으로 가는 길이 되고, 생각을 대수롭지 않게 대충 생각하고 행동하게 되면 나쁜 인생으로 빠질 치명적인 실수가 될 수 있다.

"생각 없이 살게 되면 미개인과 같은 인간이 된다."

생각의 벽

성공과 실패 사이에는 '생각의 벽'이라는 것이 존재하고 있다. 생각의 벽을 잘 뚫고 나가면 성공으로 가는 길이 되고, 잘 뚫고 나가지 못하면 실패로 가는 길이 된다. 생각의 벽을 잘 뚫을 수 없다면 성공한 사람들에게 물어서라도 생각의 벽을 잘 뚫어야 하는 것이다.

"생각이 부족하면 마음그릇은 작아지고, 영혼까지 병들게 한다."

생각은 자기 운명

어떤 환경에서 어떻게 살아가든지 간에 생각의 잘잘못의 차이가 자기 운명으로 결정되어지는 조건이 된다. 때문에 좋은 생각들을 자주하는 습관에서 벗어나지 않으면 자기 운명은 스스로 좋아지게 된다.

"작은 일이라도 좋은 일이면 실행부터 하라."

비속어(욕)

남의 나쁜 짓에 대해서 충분히 알고 있으면서도 욕 한마디 뱉지 않고 세상을 살아가는 사람들은 고상함인지, 비겁함인지 모르지만 무더운 여름날의 회전날개가 없는 고물선풍기와 같은 사람이 될 뿐이다.

"사람이라면 분위기에 따라 시원한 맛을 풍길 줄 알아야 한다. 고운 말만 쓴다고 그 입에 비싼 음식만 들어가는 게 아니다."

조건의 행복

조건이 충족되어야 행복해질 수 있다는 '조건의 행복'은 없다. 조건의 충족은 일순간의 기쁨일 뿐이며, 행복이란 조건 없이 느껴야 하는 것이다. 왜냐하면 행복은 소유에 따른 기쁨이 아니고 행복이라는 존재 그 자체이기 때문이다.

"행복은 그 무엇의 선물을 받아서 생기는 것이 아니다. 사랑의 나눔에 의해서 생기는 것이다."

진전 없는 행보

늘 반복되는 일상생활에서 몸과 마음이 피곤해지고 불만이 생기는 것은 단조로운 일 때문에 그런 것이 아니고 신선한 청량감이 드는 진전 있는 행보가 더디게 오는 것에 대한 목마름의 갈증 때문에 그런 것이다.

"일상 속의 단조로운 일도 당신과 당신 가족의 생명 줄이 되는 사랑이 숨어 있다."

감성의 느낌표

가슴속에 감성의 느낌표를 많이 축적하게 되면 눈으로 보는 모든 사물에서 배우지 못할 것이 없다는 교훈을 갖게 된다.

"세상 천지에 널려 있는 모든 森羅萬象(삼라만상)이 교육 자료이다."

외로운 생활

능력의 부재로 인하여 혼자 외로운 생활을 이어간다고 슬픔에 빠져들지 말라. 이는 神(신)이 그대에게 나쁜 사람을 만나지 않게 하기 위한 처방이라고 여겨라.

"자기 능력의 부재에 대한 한탄을 많이 하게 되면 돈의 노예가 될 위험이 있다."

도전정신

자기의 재능에 부합하는 것에 대해 '잘할 수 있다.'는 신념으로 정성을 다하여 자신 있게 도전하는 정신은 당신의 아름다운 미래를 기약할 수 있게 한다.

"자신이 없는 도전의 결과는 '역시나'일 뿐이다."

생각의 틀

간접경험이라도 식견을 넓혀 나가야 '생각의 틀'을 잘 짤 수 있는데, 생활의 습성에 젖은 상태로는 생각의 틀을 바꿀 수가 없게 되고, 습성에 의해 굳어진 생각의 틀은 바로 당신의 운명으로 결정되어지는 것이다.

"많이 움직이고, 많이 배우고, 많이 알면, 그 모두 좋은 일에 쓸 줄 알아야 한다."

가장 진정한 친구

사람만이 친구가 되는 것은 아니다. 자연의 동물과 그리고 물과 바람, 태양의 빛과 흙은 뗄 수 없는, 가장 진정한 친구가 된다. 마음의 문을 활짝 열어두고 사는 사람은 자연에 가장 가까운 사람이 되며, 자연을 벗으로 생각하기도 한다.

"사람과 각 동물들의 몸은 地, 風, 火, 水로 이루어져 있다. 생명체 모든 것의 근본은 자연이 바탕이 된다."

자신을 이기려는 것

자기 자신을 이기려고 하는 것은 어떤 한계를 극복하려고 하는 행동이 아니며, 자신의 마음으로 생각을 지배하기 위한 노력이 되어야 하는 것이다. 한계를 극복하려고 노력하는 행동은 끊임없는 자기 발전을 위한 일이 된다.

"자신의 발전을 위하려고 하는 것은 이름에 옷을 입히는 일이며, 자기를 이기려고 하는 것은 마음에 옷을 입히는 일이다."

호흡과 생각

숨을 쉬는 호흡은 누구나 할 수 있지만, 가슴호흡, 복식호흡, 단전호흡 같은 기술적인 호흡도 필요하다. 생각하는 것은 산소에너지를 많이 필요로 한다. 때문에 깊고 복잡한 심오한 생각에 빠져들 때는 주로 단전호흡을 해 주어야 하는 것이다.

"생각하는 두뇌는 체내의 산소에너지를 60%나 소모하는 인체기관이다."

사소한 문제

장기적이고 희망적인 인생을 잘 엮어가려고 생각하고 있었다면 인생의 사소한 부분의 문제라도 잘 매듭을 지을 줄 아는 생각을 갖고 살아가야 한다. 그리고 사람이 하는 일이라면 이루지 못할 일이 없겠지만 가능한 일과 불가능한 일의 차이도 마음에 의한 사소한 문제로 판가름 날 수도 있다는 것을 알아야 한다.

"일의 규모가 아무리 크다고 해도 시작은 작은 일에서부터 출발하는 것이다."

인생의 길

인생은 만들어 가는 예술이 아니라 가치를 찾아 떠나는 여행길이다. 그리고 자기에게 주어진 환경의 여건에 의하여 스스로의 길을 만들어 가야 한다.

"여행은 개척자가 되기 위함은 아니지만, 뭔가 새로움을 발견할 줄은 알아야 한다."

인생방향

지나 온 길은 돌아보지 말라. 어디로 갈 것인가 하는 인생방향을 정하는 생각이 더 중요한 것은 미래에 나은 삶을 살기 위함인 것이다.

"희망을 향해 노를 저어가는 사람만이 목적지에 도달할 수 있다."

만족과 불평

똑같은 몫을 놓고서도 감사하며 만족하는 사람들은 좋은 운명의 행복한 길로 가게 되고, 불평하는 사람들은 나쁜 인생의 길로 가게 되는 위험에 빠져들 수 있다.

"만족은 평화로움이고, 불평은 자기 머리를 때리는 막대기다."

미래의 꿈

꿈을 이루기 위해 열정의 노력을 쏟는 것은 경제적인 여유와 명예를 얻기 위함이며, 세상을 아름답게 바라볼 수 있는 여유로운 마음을 유지할 수 있게 하기 위함이다.

"열정의 노력은 어떠한 장애도 극복할 수 있는 강력한 힘이 된다."

인생 참고서

나이를 먹어서도 생명 유지에 필요한 호흡은 가능하다. 그렇다고 존재하고 있는 것만으로 인생이라고 말할 수는 없다. 인생은 가치의 삶이 되어야 하며, 이를 위해 좋은 생각과 감동적인 느낌을 항상 소중하게 여기고 있어야 한다.

"짐승처럼 본능의 욕심으로 살지 말고, 항상 생각하며 살아야 한다."

마음이란

흔히 가끔씩은 "마음을 내려놓아라." 하는데, 마음은 내려놓아야 할 짐이 아니다. 마음은 당신의 인격이고, 당신의 생각수준을 알아볼 수 있는 바로미터이다.

"마음의 때를 벗겨 마음을 비우지 않으면, 하늘의 지혜를 담을 수가 없다."

둘 다 소중하다

기억의 능력과 망각의 혜택은 삶을 사는 사람들에게 둘 다 소중한 존재이며, 삶의 활력소가 되는, 꼭 필요한 산소 같은 역할을 한다. 기억과 망각의 밸런스가 맞지 않으면 사람은 뇌의 이상기능으로 비상식적인 행동을 하게 된다.

"이쪽이든 저쪽이든 한쪽으로 치우치는 인생살이는 인생의 맛이 더럽게 된다."

버려야 할 것들

사람다운 사람으로 인정을 받고 인생을 살아가려면 오만과 편견, 교만심과 아집, 독선과 과다한 욕심 등 이런 좋지 않은 마음은 버려야 할 것들이다.

"어설픈 선무당이 사람 잡는다는 것처럼, 위와 같은 행동으로 세상을 살지 말라. 당신 때문에 다른 사람들이 피해를 입게 되며 많이 피곤해질 따름이다."

합리성

정당성이 없다고 하여 합리적인 면이 없다고 단정 짓지 말라. 합리적인 면은 만들면 되는 것이다. 때로는 정당성보다는 합리적인 면이 더 우선일 때가 있는 것이다. 합리적인 일의 추진은 서로 간의 이해에 의한 만족의 결과로 가는 길이 된다.

"직무를 이행함에 있어서 직권남용을 하면 안 되지만, 다수의 안위를 위하는 직권남용이라면 박수를 쳐줘야 한다. 이런 게 정당성은 없지만 합리성인 것이다."

마음 담금질의 도구

고난과 역경, 괴로움과 슬픔, 이러한 장애 같은 마음들은 사람이 사람답게 성숙할 수 있는 고마운 담금질의 도구가 되는 것들이다.

"사람은 오늘 하루만 살다 가는 것이 아니다. 살다 보면 이런 일 저런 일, 기쁜 일 슬픈 일 다 겪게 된다."

행복의 존재

꽁꽁 얼어붙은 땅속에도 행복의 씨앗은 숨을 쉬고 있다. 그것이 언제 싹을 틔울지 모르고 있을 뿐이다. 그러나 행복의 의미를 알고 있는 사람이라면 지금 당장이라도 행복의 씨앗을 틔울 수 있다.

"행복이라는 참의미를 알면 마음이 행복의 점수를 매긴다. 행복에도 급이 있기 때문이다."

진로 고민

무엇을 하느냐, 무엇을 정하여 갈 것이냐, 어떤 목적으로 살아가느냐, 이런 고민 안 해 본 사람 없겠지만 자기 수준에 맞는 역량의 목표를 정하는 것이 최우선이다.

"필요한 것을 구할지라도 오르지 못할 나무는 쳐다보지도 말라."

아는 것과 느낌표

지식이나 상식이나 아는 것이 많다는 것은 표현력에서 자유로워지고, 가슴속에 축적이 되는 감성의 느낌표는 이해의 측면에서 자유로워진다.

"표현력과 이해력 둘 다 갖출 수 있는 사람으로 존재하며 살라."

꿈이라서

견디기 어려웠던 과거의 일들이 달콤한 추억으로 새겨지는 것은 그 시절을 벗어났다는 안도감이 작용하는 면도 있지만, 사람은 꿈을 향해 살고, 또 지나간 모든 일은 한낱 꿈에 지나지 않고, 다시는 되돌아갈 수 있는 길이 없기 때문이다.

"三世心都不可得(삼세심도불가득, 불교용어). 미래, 과거, 현재는 존재하지 않는 법의 일체로서 모든 것은 空(공)한 것이다."

이성과 감성

이성과 감성은 상호작용에 의해서 사람의 됨됨이를 완성하여 가는 것이며, 냉철하고 따뜻한 이성과 풍부한 감성의 상호작용은 사람의 운명을 좋게 만드는 역할을 한다.

"이성과 감성이 합체가 되면 열정이 되고, 열정은 모든 것을 녹여버리는 힘이 된다."

소중한 자원

한계가 없는 깊은 생각으로 자기를 성장, 발전할 수 있게 하는 것은 생각이 소중한 자원이 되었기 때문이다.

"생각이 자원임을 알면 무엇을 하든 성공하게 된다."

고통과 괴로움

한 번씩 겪게 되는 고통과 괴로움에 너무 마음 아파하지 말라. 누구나 다 겪는 일이며, 시간이 지나고 나면 다 괜찮아지는 것들이다. 고통과 괴로움은 마음수련 담금질의 도구라고 생각해야 한다.

"삶 자체가 괴로움이지만 사랑의 존재가 있어서 괴로움을 잊고 밝은 마음으로 살 수 있게 되는 것이다."

더 큰 죄악

죄를 짓는 것은 당연히 죄악이지만, 배움이 없는 것과 올바른 생각이 없는 행동은 더 큰 죄악이 된다.

"배워서 알려고 하는 자세는 세상에 태어난 것에 대한 보답하는 행위이다."

느낌

사물에 대한 마음의 느낌이라는 것은 이해의 상징이 된다. 이는 감성과 같은 것이며, 가슴속을 촉촉하게 젖어 있게 하는 영양분의 단비와 같은 것이다.

"가슴속 이해의 감성은 따뜻한 밥 한 끼와 같은 것이다."

희망의 상상

가슴속에 간직한 희망을 향한 상상의 나래는 곧 즐거움이자 행복이며,

당신이 뛰어 놀 수 있는 마당으로 나아가는 길이다.

"방 안에 가만히 있는 것보다 마당에 나가서 뛰어 노는 게 즐겁지 아니한가."

지혜의 발출

진솔하고 깊은 생각은, 영혼의 도움을 받아 지혜가 발출될 수 있는 유일한 통로이다.

"지혜는 생각이 깊은 자의 것이며, 개념이 없는 사람들이 만들어낼 수 있는 것이 아니다."

창의적인 발상

지식의 틀 안에 갇혀 생각이 자유롭지 못하면 창의적인 발상은 결코 일어나지 않으며, 생각이 다각도로 굴러다녀야 생각이 자유로워지고, 다른 것의 특별한 생각에서 연결이 되면 창의적인 발상의 새로운 생각이 발생하게 된다.

"다채롭고 자유스럽게 굴러가다 보면 뭐가 걸려도 걸려드는 게 있다."

당신이 만드는 철학

대중들의 보편적인 생각보다 좀 더 깊이 생각할 줄 아는 습관이 들게 되면, 당신만의 인생을 좋게 지탱해 줄 스스로의 철학이 생기게 된다. 생각의 깊이는 결국 좋은 삶을 살기 위한 방책인 것이다.

"명성이 있는 사람들은 좋은 삶을 위해서 모두 자기만의 좌우명 같은 철학을 가지고 있다."

성장의 밑거름

당신의 뜻과 다른 의견을 내는 사람들은 당신의 방해꾼이 아니라 당신의 성장을 도와주는 좋은 밑거름이 되는 고마운 사람으로 여겨야 하며, 이런 상황을 제대로 잘 활용하게 되면 서로 간에 협력할 수 있는 기반이 될 수 있음이다.

"혼자 똥 빼는 재주를 가져봐야 여럿이 협력하는 것보다 못하다."

슬픔의 눈물을 멎는 방법

누군가 옆에서 위로의 말을 건네주는 것은 마음에 큰 위안이 되지 않는다. 스스로의 생각 전환이 되지 않는다면 어떤 위로의 말도 별로 도움이 되지 못한다. 그래서 생각의 전환이 필요하게 되는 것이다.

'내가 지금 슬퍼하고 있지만 마냥 슬퍼할 수만은 없다. 나보다 더 슬픈 사람들도 있을 것인데 그들을 아름답게 사랑해 줄 수 있는 방법은 어떤 게 좋을까?' 이런 생각에 빠져들면 슬픔의 눈물은 멎게 될 것이다.

"슬픔의 기억은 아주 오래가기 때문에 슬픈 일에는 작심 3일이 없다."

깊은 생각

깊은 思考(사고)의 생각은 눈에 보이지 않는 사물을 꿰뚫어 볼 수 있는 마음의 눈을 갖게 한다.

"꿰뚫어 볼 수 있는 혜안의 눈은 사물의 실체를 손에 쥔 거와 같다."

치매예방

계속 흐르는 물은 썩지 않는다. 이와 마찬가지로 생각이 많은 사람은 치매에 걸리지 않는다.

"사람이 생각할 범위의 3분의 1도 생각하지 못하고 산다면 치매에 걸리게 된다."

미래지향적

미래지향적인 생각은 나은 삶을 살기 위한 바른 생각인데, 대부분의 사람들은 미래지향적인 생각은 별로 없고 현실에서 더 많은 것을 챙기려 들거나 과거의 기억에서 자유롭지 못한 불안한 시간 속에서 허우적거리고 있는 사람들이 많다. 그래서 미래의 꿈 한 개 정도는 반드시 가지고 살아가야 한다.

"시간이라는 개념은 당신의 위치를 자꾸 과거로 밀어내는 것이다."

기쁨과 슬픔

자기의 존재 가치를 빛내줄 대상이 있는 것은 기쁨이고, 사랑하는 것들의 대상에서 멀어짐과 상실감은 슬픔이다. 슬픔이 마음속에 오래 보존되는 사람들은 기쁨을 느끼는 감성을 갖기에는 무척 어려운 상태가 된다.

이 해결책은 생각을 어떻게 하느냐에 따라 마음의 상태가 달라지는 것이기 때문에 슬픈 일은 되도록 빨리 잊어야 한다.

"사는 것의 모든 실체는 마음임을 알아야 한다."

잊어야 할 기억

잊어야 할 기억을 지우지 못하고 살아가야 되는 고통은 불행이라고 보는 것이며, 과거의 나쁜 기억, 슬픔, 분노, 억울함, 자괴감 등 안 좋은 기억들은 빨리 잊는 게 행복을 찾는 길이다.

"특별한 자기반성이 없으면 모든 인생사 새옹지마가 된다."

삶과 죽음의 哀歡(애환)

기억에 남아 있는 죽은 사람을 살아 있는 것처럼 생각하고, 눈에 보이지 않는, 살아 있는 사람을 죽은 사람으로 생각하면 삶과 죽음에 대한 哀歡(애환) 따위는 부질없다는 것을 느끼게 된다.

"인생은 어차피 혼자 왔다 혼자 가는 것이다. 기쁨, 슬픔, 별거 아니다."

妄想(망상)

망상을 즐기는 것은 결코 바람직한 일이 아니지만, 두뇌의 활동으로 인한 스트레스 해소 측면에서는 도움이 되고, 영화 속 주인공이 될 수 있고, 대통령도 될 수 있다. 그러나 망상에 자주 빠져들지는 말라. 건강상의 무기력증에 빠질 위험이 높아진다.

"실생활에서 얻지 못하는 제한된 구역을, 망상은 자유롭게 출입이 가능하게 한다."

자기에 대한 채찍질

어느 곳에 가든지 주변에 항상 경쟁 상대가 있다는 것을 염두에 두고 있어야 자기를 발전시킬 수 있는 스스로의 마음 채찍질이 되는 것이다.

"아픔을 느끼지 못하는 채찍질은 채찍질이 아니다. 마음이 쓰라리도록 때려라."

혼자라는 생각

혼자라는 생각에 치우치게 되면 괜히 외로움만 가중된다. 혼자 있을 때는 생각으로 치달아 혼자라는 것의 참의미를 새겨보면, 외로움이나 고독 같은 불필요한 감정들은 느껴지지 않게 할 수 있다. 사는 것의 실체는 어차피 마음이기 때문이다.

"외로움에 자꾸 젖어들게 되면 그것은 고독의 몸부림으로 이어진다."

등불 같은 생각

합당한 결론을 찾기 위한 좋은 생각들은 자기가 가고 있는 인생의 앞길을 밝혀주는 등불과 같다.

"합당한 결론은 사람들에게 문제점이 없게 하는 밝은 불빛이다."

건전한 생각

건전한 생각의 범위가 많아지면 많아지는 것만큼 당신의 존재 가치는 상승하게 된다.

"불건전한 생각이 많아지면 사람은 음흉한 사람으로 존재하게 된다."

과학적인 생각

과학적인 생각이란 정당성과 합리성을 갖춘 밝은 생각이며, 무지함에서 벗어나기 위한 배움의 생각이며, 세상을 편안하게 유지시켜 가는 원동력이 되는 생각이다. 이는 미신에서 유래되는 생각들을 완전히 버리는 생각이라고 보면 된다.

"앞뒤, 좌우 어디를 재어봐도 논리가 맞는 생각이 과학적인 생각이다."

생각 몰입의 행복

이루어야 할 그 무엇을 향해서 꾸준히 몰입을 하는 정신 상태로 지내는 기간 동안에는, 그 결실이 맺어지기 전까지는 희망의 행복 속에 젖어 살아가는 인생이 된다.

"생각 몰입의 행복은 언젠가는 좋은 결실을 맺게 한다."

눈치 빠른 사람

눈치가 빠른 사람들은 사물에 대한 깊은 생각들이 거의 없으며, 편향적인 고정관념의 사고방식에 의한 실수를 가끔씩 하게 된다. 그러나 눈치가 빠른 사람들 중에는 사회에 보탬이 되는 좋은 인재들도 많이 있다.

"눈치가 빠른 것도 그 사람의 능력이다. 눈치가 빠른 사람들의 눈매는 대부분 눈꼬리 부분이 위로 살짝 올라가면서 가늘게 째져 있다."

비난 소리

남들로부터 비난의 소리를 듣지 않고 살아가려면, 첫째도 생각, 둘째도 생각, 이 생각을 잘하고 살아가야 한다. 생각을 잘하게 되면, 마음을 곱게 쓰게 되고, 행동을 바르게 하고, 자기책임감까지 느낄 수 있게 한다.

"생각의 날개를 가진 사람은 '비난 소리' 동네에서 멀어질 수 있다."

지혜와 지식

사람들 중에는 지혜의 머리는 있고 지식의 머리는 별로 없는 마음이 따뜻한 사람들이 있고, 지식의 머리는 있고 지혜의 머리가 없는 마음이 차가운 이기적인 사람들이 있다. 그리고 지식의 충만으로 지혜로운 사람과 잔머리 쓰는 영악한 사람도 있다. 지식은 채우는 것이며, 지혜는 비우고 덜어내는 것이다. 지혜는 공명심이요. 남들에게 이롭게 하기 위한 자비심의 구현과 같은 것이다.

"지식의 머리는 상호 소통의 유익한 수단이 되어야 하는 것이며 또 슬기로운 생각의 바탕이 되어야 한다. 그리고 지혜는 여러 사람들을 이롭게 하는 것이어야 한다."

시간의 가치

시간의 가치를 높이려고 한다면 생각을 하면서 행동을 하고 열심히 노력하는 사람으로 세상을 살아가야 한다. 어떤 목표에 대한 노력하는 마음이 없는 사람들은 시간의 가치를 논할 자격도 없다.

"얼마나 열심히 노력하느냐에 따라 시간의 가치는 하늘과 땅 차이로 나타날 수 있다. 부지런한 자는 소기의 효과가 나타날 것이요, 게으른 자는 얻을 것이 없게 된다."

개념이 없으면

개념이 별로 없는 사람들의 왕성한 사회활동은 가는 곳마다 시끄러운 소음만 발생하며 살게 된다. 입으로 떠들어 시끄럽든지, 불의한 안전사고로 시끄럽든지, 교통사고로 시끄럽든지, 구급차량도 대부분 개념이 별로 없는 사람들의 전용물이 되고 있다.

"생각을 하면서 생활을 해나가다 보면 소음이 발생할 일이 별로 없다."

사회적 소속감

결혼은 사회적인 소속감에 해당한다. 결혼도 하지 않고 혼자 사는 것은 그저 편한 인생을 추구하려는 얄팍한 이기심에 불과하다.

"자기인생이라고 맘대로 살지 말라."

B. 마음

B. 마음

마음그릇

네 마음의 그릇을 크게 만들어라. 마음그릇이 큰 사람치고 나쁜 운명으로 살아가는 사람은 없다. 마음그릇이 작게 되면 탐욕과 집착에 강하고 과다한 욕심만 품게 되지만, 마음그릇이 큰 사람들은 어느 것이나 욕심이 거의 없으며, 재물보다는 올바른 정신을 더 중요하게 생각한다. 그리고 마음그릇이 큰 사람들은 특별한 것보다는 일상적인 것에 더 관심을 두고 있으며, 이는 모든 사람들이 겪으면서 살아가야 하는 중요한 삶의 생활이기 때문에 관심을 둘 수밖에 없게 되는 것이다. 그리고 모든 사람들이 살아가는 그 모든 것의 실체는 바로 마음이다. 하여 마음그릇을 크게 만들어야 하는 것이다. 마음그릇의 크고 작음에 따라 좋은 운명과 나쁜 운명이 결정된다.

"마음그릇은 밥그릇처럼 동그랗게 또 딱딱하게 생기지 않았다. 모양이

제 각각이며, 신축성이 있으며, 필요에 의해서 가슴 밖으로도 나갈 수 있는 그릇이다."

부처와 같은 마음

자비스러운 마음으로 통칭되는 것만이 부처님의 마음 전부라고 할 수는 없다. 신뢰를 쌓는 행동이나, 책임을 질 줄 아는 마음이나, 의무를 성실하게 이행하는 것이나, 참을 줄 아는 인내심, 욕심에 대한 절제, 건강하게 사는 삶 그리고 사소한 약속이라도 철저하게 잘 지켜줄 줄 아는 마음씀씀이 역시 바로 부처님과 같은 마음이 되는 것이다.

"무엇이든 깨달음에 이른 마음은 모두 부처의 마음이다."

마음의 劍(검)

마음의 劍(칼)은 섬광이 번뜩이는 예리한 칼날과 같아서 사람을 죽이는 殺人劍(살인검)이 될 수 있고, 사람을 살리는 活人劍(활인검)도 될 수 있다.

"마음의 칼은 총보다 더 무서운 칼이다. 마음이 휘두른 칼의 글 한 줄로 수없이 죽이고, 수없이 살릴 수 있다."

* 살인검 : 증오, 멸시, 인신공격 등
* 활인검 : 정의로움, 사랑, 배려, 희생, 헌신 등

필연성

필연성에 의해서 피할 수 없는 나쁜 상황에 직면하게 되는 것은 마음의 정신상태가 올바르지 않음으로써 필연성이 작용하게 되는 것이다. 그러므로 올바른 마음의 정신 상태를 유지하고 있어야 피할 수 없는 나쁜 상황에 마주치는 필연성의 일을 피해갈 수 있다.

"곧은 마음은 항상 평온하고 일상에 탈이 없지만, 시간에 쫓기는 조급한 마음은 피할 수 없는 나쁜 상황에 직면하는 필연성의 중심으로 가게 된다."

행복의 크기

마음속에 감성의 느낌표가 많이 축적되어 있는 사람은 작은 행복도 크게 느끼게 되고, 느낌표의 축적이 빈약한 사람은 큰 행복도 작게 느낀다.

"행복은 변하지 않고 그대로 있는데, 사람들이 마음대로 행복의 크기를 조절하려 하는 것은 감성보다 기분에 치우쳐 살아서 그런 것이다."

꿈을 위한 마음

미래의 꿈을 위한 마음으로 세상을 살아가게 되면 지나 온 세월에 있었던 나쁘고 좋지 않은 기억들을 빨리 잊게 되는 축복이 따르고, 마음에는 새로운 희망의 바람이 들어차게 된다.

"과거에 매여 살아가는 사람들은 발전이 없는 삶만 계속 된다."

마음 비움의 의미

누리고 있었던 문화생활의 편리함이 사라지게 되면 누리지 않고 있었을 때보다 불편함의 억울함은 시련이 된다. 마음을 비워 집착의 끈을 끊어버리면 억울함의 시련과 부정한 일에 대한 유혹에 신경을 쓸 일이 없게 된다. 이것이 마음의 비움에서 얻는 행복이자 지혜이며, 욕심 같은 것에서 멀어지는 방법이며, 마음의 안정을 위하는 길이다. 마음 비움의 총체적인 목적은 결국 넓은 사랑을 하기 위한 바탕이 되기 위함이다.

"마음 비움의 진정한 뜻을 알면 무소유 개념으로 세상을 살아갈 수 있지만, 문명의 혜택을 받고 사는 일반 사람들은 할 수가 없으니 하지 말라."

마음과 인생

마음에서 나온 열망의 뜻을 마음으로 받아들이지 못하는 사람들은 인생을 잘못 살아가고 있는 것이다. 이는 진실한 마음을 외면하는 것이나 같기 때문이다.

"진실한 사람끼리의 마음 교류는 以心傳心(이심전심)으로 통하고, 마음 주머니가 없는, 진실하지 못한 사람들은 마음이 쉬어갈 휴게소가 없게 된다. 그래서 삶이 힘들어진다."

마음 다스림

자기 마음을 잘 다스린다는 것은 자기관리를 잘하고 있다는 것이요, 자기관리를 잘하고 있다는 것은 건강유지와 인격관리를 잘하고 있다는 뜻이다.

"마음이 올바르면 정신이 똑바로 서고, 정신이 올바르면 건강과 인격은 상승하는 기류를 타게 된다."

마음의 눈

마음의 눈은 눈으로 볼 수 없는 숨어 있는 본질의 실체를 파악하는 데 필요하다. 이를 위해서는 올바른 정신에 의한 맑은 마음으로 언제나 깊은 사색을 하고 명상을 자주하여야 마음의 눈을 가질 수 있다.

"고요한 마음의 눈은 삼라만상을 굽어 살피는 부처님의 눈과 같은 것이다."

감사하는 마음

모든 범사에 감사할 줄 아는 마음은 자기에 대한 사랑이며, 올바른 삶을 살아가는 방법이며, 행복지수의 상승이며, 사람들의 가장 기초적인 덕목이다.

"어느 누가 자기를 비방하고 다녀도 감사할 줄 알아야 神(신)도 사람도 감동하게 된다."

마음의 성장

자연을 아름답게 바라볼 수 있는 여유의 안목을 가지게 되면, 마음그릇은 서서히 크게 되고, 神(신)에게 가까이 가는 길이 되며, 스스로 아름다운 사람으로 변해갈 수 있는 길이기도 하다. 이 모두는 마음의 성장 없이는 불가능한 것들이다.

"눈으로 보이지 않는 마음이라고 똥개 키우듯이 다루지 말라. 죄업을 쌓는 일이다."

고요한 마음

고요한 마음은 모든 마음을 다스릴 수 있는 힘이 있는 큰마음이며, 자기 영혼의 부피를 크게 만드는 역할을 한다.

"고요한 마음은 神(신)의 마음을 빼닮은 大王(대왕) 마음이다."

* 고요한 마음 : 아무런 변화가 없는 상태의 우주 중심에 있는 듯이 한(하는) 마음
* 조용한 마음 : 곧장 변할 수 있는 마음이지만 움직임이 없이 정지하고 있는 마음
* 침묵의 마음 : 각 감정에 따른 표현을 해야 되지만 애써 참고 있는 마음

생각과 마음

생각이 가는 곳에 마음은 따라가고, 생각이 심오하면 마음은 성장한다. 생각이 없으면 마음은 잠을 자고, 생각이 나쁘면 마음은 졸속하다. 그리고 생각이 좋으면 마음은 춤을 춘다. 따라서 생각과 마음의 영향에 의해 좋고 나쁜 사람으로 구분이 결정되어진다.

"행동이 나쁜 사람들은 머리에 회초리를 맞아야 한다."

사는 것의 마음

산다는 것은 움직임이요, 편하게 움직이지 못하고 힘들게 움직인다는 것은 불편함이요, 불편함은 삶의 시련이 된다. 삶의 시련을 이겨내기 위한 방법이 사랑하며 사는 방법인데 마음을 비우거나 마음을 이겨내는 방법을 터득하면 삶은 편안해지고, 행복지수 또한 상승하게 된다. 그리고 많이 움직이는 사람들은 건강수명까지 더 길어진다.

"잘 먹고, 잘 싸고, 등 따시게 잠 잘 자면 '萬苦(만고) 땡'이다. 하지만 이런 삶은 벌레인생과 같다. 따라서 마음을 바로 잡아 사랑하거나 마음을 비우고 다른 이들과 더불어서 살아야 한다."

집중하는 마음

집중하는 마음은 일상생활에서 여기저기 흩어져 있는 마음들을 한 군데로 모아 하나의 마음으로 만드는 것이다. 그 마음속에 정신을 더하여 일의 능률을 올릴 때나, 학습의 효과를 보기 위할 때나 집중된 마음은 상당한 효과를 볼 수 있다.

"마음의 수양과 관리는 어려운 것이어서 수시로 잘 닦아 두어야 한다."

두뇌와 마음

두뇌에서 생성된 생각과 가슴속 진실한 마음의 표현에서 어느 쪽이 더 값어치가 있는가 따진다면 진실한 마음이 우선이다. 마음에는 또 사물에 대한 감성의 느낌표를 축적할 수 있는 기능이 있으며, 느낌표의 축적은 가슴이 따뜻한 사람으로 살게 한다.

"따뜻한 감성은 사랑에 버금가는 삶의 활력소 역할을 한다."

성숙된 마음

괴로움이나 갈등을 이겨내는 능력의 배양은 성숙된 마음이 있어야 한다. 이는 어른의 조건이 되는 것이며 마음의 평화로움과 직결되기도 한다.

"마음에 평화로움이 없는 사람들이 세상의 골칫거리 사람으로 변하게 된다."

마음 다스림이 부족하면

정신력으로 마음을 잘 다스리지 못하면 마음은 몸이 요구하는 이런저런 욕구의 노예가 된다.

"몸이 놀고 싶다 하면 마음은 몸이 노는 쪽으로 끌려가고, 술 먹고 싶다 하면 술 먹는 쪽으로 끌려가고, 옆에 연인이 필요하다 하면 사랑하는 연인을 찾아가는 데 끌려가게 된다."

마음의 깊이

일상생활 속에서 생명에 급박한 어떤 소요상태가 발생하게 되면, 마음이 깊은 사람은 동요하지 않고 차분하게 행동하지만, 마음이 얕은 사람들은 오직 살아야 한다는 생각으로 정신을 제대로 차릴 수 없는 관계로 마음의 동요와 함께 행동이 허둥거리게 된다.

"허둥거리는 행동은 체내의 산소에너지를 2배 이상 소모시킨다. 여러 번의 심호흡 없이 마냥 허둥거리게 되면 일찍 변을 당할 수도 있다."

마음속에는

당신의 마음속에는 천사와 악마 그리고 훌륭한 스승과 못된 선생과 또 개척자와 정신병자가 함께 들어 앉아 있다. 당신이 끄집어내는 선택에 따라 당신의 운명이 결정지어진다.

"마음의 원심분리기를 작동하여 미리미리 잘 구분해 놓아야 한다."

삿된마음

엉큼한 마음이나 비양심적인 삿된 마음을 갖지 않으려면 삿된 생각을 하지 말아야 하며, 삿된 생각을 하지 않으려면 자기를 사랑하고 믿어야 하며, 자기를 사랑하려면 매사에 진실하게 살아야 한다.

"진실한 마음이 없으면 마음에 허위만 있게 된다."

행복과 마음

행복함을 위하고자 하는 마음은 조급한 마음으로 나타나고, 행복함을 필요로 하는 마음은 노래하는 노력의 마음으로 나타나고, 행복을 누리고 있는 마음은 느긋한 마음으로 나타나고, 행복을 찾기 위한 마음은 고독한 마음으로 나타나고, 행복함을 모르고 사는 마음은 무식한 마음으로 나타나고, 행복을 잃어버렸다고 생각하는 마음은 고민하는 마음으로 나타나고, 행복하다고 느끼고 있는 마음은 기쁨과 즐거운 마음으로 나타난다. 이러한 조건에 대한 마음의 변화는 있을지언정 행복 그 자체는 변하지 않는 존재인 것이다.

"행복의 존재는 변하지 않고 가만히 있는데, 행복에 대한 마음의 갈래는 오징어다리와 같이 많다."

마음 연마

마음은 언제까지나 그대로의 크기로 가만히 있지 않는다. 때문에 마음은 항상 올바른 정신력으로 잘 닦아 두어야 마음이 성장하게 되고, 나쁜 운명으로 갈 길을 피해갈 수 있게 된다.

"마음을 닦아둘 때에는 마음의 다리까지 잘 닦아 두어야 한다. 만약에 마음의 다리에 장화를 신겨주게 되면, 마음은 길이 나쁜 진흙길로 간다."

마음의 행보

악한 마음은 스스로의 올가미가 되는 행보의 길이 되고, 생각이 없거나 부족한 마음은 바보 인생으로 가는 행보의 길이 되고, 착한 마음은 위험이 없는, 안전한 길로 가는 행보가 된다.

"마음을 자세히 살펴보면 마음에 다리가 달려 있다."

투명한 마음

마음이 정직하고 투명한 사람은 모든 일의 일처리를 여러 사람들이 알 수 있게 투명하게 할 것이고, 투명한 일처리는 마음그릇이 크다는 것을 나타낸다. 투명하게 일처리를 하지 않는 사람들은 마음에 때가 있고 지저분해서 그런 것이다.

"비양심적인 짓을 저질러 놓고 양심을 위배한 적 없다 하면 쓰레기인간이 된다."

속마음

속마음을 따로 두는 사람은 떳떳하지 못한 사연의 비밀이 많은 사람들이다. 속마음을 따로 두지 않고 마음의 문을 모두 활짝 열어 두고 사는 사람들은 모두 정직한 사람들이며, 정직함으로써 삶이 편안해지고 행복을 충분히 느끼고 살아가게 되며, 자연에 아주 가까운 사람이다.

"속마음이란 부정행위의 이중장부와 같은 것이다."

마음의 평화

마음의 갈등을 이겨내는 능력은 마음을 비우는 것에서 생기게 되며, 여기에서 마음의 평화를 누릴 수 있게 된다.

"마음을 비운다는 것은 마음그릇을 크게 하는 것으로, 마음그릇이 크면 모든 것에서 여유가 생기게 되며, 여유는 곧 평화가 된다."

마음과 시간

생각으로 좋은 목표를 향한 마음의 결정을 하였을 때 곧장 시행하지 못하고 대기해야 할 상황이 생기게 된다면 시간이라는 공간의 존재는 마음의 결정을 갉아먹는 존재로 변하게 된다.

"지금 바로 첫발을 내딛으면 끝까지 갈 수 있지만, 한참 대기했다 첫발을 내딛으려 하면 그만 포기하고 싶어지는 것이 보통사람들의 마음이다."

따뜻한 마음

자기보다 남을 더 배려할 줄 아는 따뜻한 마음을 가지고 사는 사람들은 행복의 실체를 아는 사람들이고, 따뜻한 마음이 없는 사람들은 나쁜 생활에 젖어 살아가며 그러한 환경에서 쉽게 벗어나지 못한다.

"따뜻한 마음 자체가 바로 행복이요, 차가운 마음 자체는 불행의 울타리 안이다."

행복의 실체

기쁨을 느끼는 것을 행복이라고 생각하며 살아가는 사람들은 행복의 실체가 뭔지 모르고 살아가는 셈이다. 행복의 실체는 언제나 당신의 마음속에 조용히 들어앉아 있는 것이며, 살면서 겪게 되는 모든 것에서 '이것은 나의 행복이다.' 이렇게 생각하는 사람이 있다면 살아가면서 그 어떠한 절망적인 상황이 다가와도 희망적인 상황으로 바꿀 수 있는 힘이 된다. 이것이 행복의 실체다.

"행복은 사랑의 시발점이며, 입가에 아름다운 미소를 짓게 하는 영양분이다."

어떤 결심

자기에게 필요한 무엇을 위하여 좋은 뜻의 어떤 결심을 하게 되는 것은 그 목적을 달성했을 때의 희망에 찬 환희 같은 기쁨의 달콤한 맛을 알기 때문이다. 이는 진취적인 삶의 계기가 되기도 한다.

"결심이 없으면 아무 일도 진행할 수 없고, 좋은 결심은 당신의 福(복)이 된다."

마음고생

육체적인 고생보다는 마음고생 심한 것이 사람을 더 무기력하게 만든다. 육체는 음식으로 달래주면 금방 회복되지만, 마음고생에 시달린 사람은 치료약도 없기 때문이다. 하여 말로 통하지 않는 이상한 사람이 옆에 보일 때는 무조건 피하는 게 최선이다.

"총 쏘는 사람 앞에서 얼쩡거리다가는 총에 맞아 죽을 수 있다."

청소의 다른 의미

생활환경 주변을 항상 깨끗하게 청소를 하는 행위의 의미를 단순히 깨끗하게 보이기 위해서 한다기보다는 자기 마음의 때를 씻어내는 마음수양이라는 의미를 부여하라. 그리 마음을 먹으면 청소하는 것이 오히려 즐거워진다.

"청소를 청소라고 생각하면 힘든 만큼 땀 좀 흘리고 말 것이지만, 청소를 마음수양이라고 생각하면 어떤 일이든 잘할 수 있는 끝맺음의 기술도 터득할 수 있게 된다."

하루에 세 번 이상

여유로운 마음으로 삶을 살고 좋은 운명의 인생으로 만들어 가려면 하루에 적어도 세 번 이상의 감사하는 마음을 표시하면서 살아라.

"감사하는 마음은 하루에 10번, 20번 있는 대로 다 하고 살아야 한다."

돈의 악마들

자기의 능력에 맞지 않는 많은 돈을 바라지 말라. 돈에 마음을 빼앗기게 되면 하나 같이 모두 악마와 같은 사람으로 변해간다.

"욕심에 찬 마음은 돈 앞에서 부모형제도 필요 없다고 하게 된다."

하늘을 닮다

고개 들어 하늘을 자주 보는 습관을 들여라. 맑은 하늘을 자주 바라보는 것만으로도 마음은 하늘을 닮아가게 된다.

"사람은 눈으로 보는 것에서 우선적으로 닮는다."

헛살았다

머리에 지식만 쌓아놓고 이것을 바탕으로 사회적 지위를 얻고, 부하 직원을 두고 있을지라도 가슴에 마음이 성장하지 못했다면 지금껏 인생을 헛살아 온 것이나 같다.

"머리의 지식 축적은 돈의 노예가 되는 길로 가기 쉽고, 가슴속에 감성의 축적은 사랑의 곳간과 같다."

사상누각

마음이 올바르지 못한 사람이 소유하고 있는 많은 재물은 모래 위에 세운 사상누각이나 같다.

"부정하게 재물을 모았다면 관재수에 의해 허물어질 것이요, 부모 유산이라면 관리를 잘하지 못해 탕진하거나 은행에서 잠을 자게 만든다."

꿈과 희망

꿈과 희망은 둘 다 밝은 장래를 바란다는 의미의 마음이다. '꿈이 결실을 맺고 있다.'는 말은 곧 넉넉하게 쓸 수 있는 돈이 생긴다는 뜻으로 금전적으로 자유로워진다는 의미가 되며, '희망을 갖는다.'는 말은 자기인생에서 필요로 하는 일을 이루어 놓고 가야 한다는 의미가 되는 뜻으로 금전적으로 별로 관련이 없는 의미가 된다. 하여 돈을 많이 가지고 있는 사람들은 어떤 희망은 갖되 꿈은 없게 되는 것이다.

"꿈의 달성은 낚시에서 대어를 잡은 느낌이고, 희망의 달성은 행복의 연장술이다."

마음먹기

마음먹기에 따라서 실패한 인생을 성공한 인생으로 바꾸어 놓을 수가 있고, 마음관리를 잘못하여 지저분한 마음이 되면 성공한 인생을 실패한 인생으로 바꾸어 놓을 수도 있다.

"마음에 의하여 빛나는 사람이 되느냐, 바보가 되느냐 하는 차이가 있게 된다."

못 살 이유 없다

세상이 각박하고 살아가기가 어렵더라도 스스로 목숨을 끊는 잘못을 저지르지 말라. 목숨을 끊을 그 정신, 그 정성이면 삶을 살아나가지 못할 이유는 없다. 마음을 굳건하게 가지면, 남의 빚으로 5년을 산다 치면 그 빚으로 10년을 살 수 있는 양식도 구하고 빚도 청산할 수 있는 길이 있는 것이다.

"혼자서 이 궁리 저 궁리 고민하지 말고 여러 사람에게 살 수 있는 방법의 조언을 구하라." (행복복지센터 복지과는 찾아가 보았는가?)

자기최면술

어떤 일을 마주할 때마다 '나는 능력이 있는 소중한 사람이다.' 하고 자기최면술을 구사하라. 그리하다 보면, 지나간 시간들은 그대에게 위대한 시간이 될 것이다. 위대한 시간이란 자기최면술에 의한 영향을 많이 받았다는 뜻의 의미가 된다.

"모든 것의 시작과 끝은 자기에게서 시작되어 자기에게서 끝이 난다."

연계에 의한 마음

정성이 깃든 곳엔 감사하는 마음이 따르고, 성의가 있는 곳엔 사랑하는 마음이 숨을 쉬고, 열정이 있는 곳엔 감동하는 마음이 춤을 춘다. 만약 마음에 허위가 있게 되면 감사함과 사랑과 감동은 존재할 수 없다.

"마음의 허위는 얼굴에 가면을 쓴 웃는 모습, 우는 모습의 탈과 같은 것이다."

人性(인성)은 天性(천성)

사람마다 가지고 있는 인성은 천성이다. 타고 난 천성은 죽는 순간에도 그 천성은 유지되는 것이다. 삶의 환경에서 인성이 조금 변했다 치더라도 그 시기를 지나게 되면 본래의 마음인 천성으로 다시 돌아가게 된다. 그러나 교육으로 인성을 변화시키지 않고, 스스로 자기반성이나 어떤 깨달음에 의해서 바뀌게 되면 좋게 바뀐 인성은 죽는 순간까지 유지할 수 있다.

"모든 것은 자기 마음에 달려 있다."

마음 성장의 기회

마음이 성장할 수 있는 기회는 언제나 당신 가슴속에 대기하고 있다. 당신이 모르고 있을 뿐이며, 지금 당장이라도 마음을 성장시킬 수 있는 길을 열어야 한다.

"마음이 성장하지 못하면 어른의 나이가 되어 있어도 어린 아이 수준과 같게 된다."

인내

인내의 본래 뿌리는 사랑과 희망에서 파생된 존재이며, 인내라는 마음을 쓸 줄 모르는 사람들은 사랑도 희망도 없는 사람들이 대부분이다.

"인내는 마음으로 몸의 亂動(난동)을 미연에 방지하는 사랑의 기술이다."

어떤 맹세

어떤 맹세를 할 때에는 혼자 마음속으로 하지 말고, 여러 친구나 동료들 앞에서 말로써 맹세하라. 이것이 가장 확실한 방법이며 실천으로 가는 길이 된다. 왜냐하면 맹세를 어기게 되면 신뢰하지 못할 사람으로 낙인찍히기 때문이다.

"사나이의 맹세는 重千金(중천금)이다."

이상한 동물

인간의 욕심은 끝이 없다. 그러나 욕심과 절제 사이의 균형을 잘 유지하면 탈이 없지만, 균형을 유지하지 못하고 욕심 쪽으로만 마음을 이끌다 보면 인간은 상식을 벗어나는 이상한 동물이 된다.

"살아가면서 지나친 욕심은 더러운 물로 목욕하는 짓이다. 모아 놓은 재물들은 죽어서 짊어지고 갈 것도 아니다."

마음의 여유

매사에 여유로운 마음으로 임할 수 있는 생활의 행동은 좋은 삶을 열어 갈 수 있는 기본 바탕이다.

"조급한 마음으로 진행하는 일은 자기를 잡아먹는 귀신이 앞에서 기다리고 있어도 못보고 진행하게 된다."

미련한 마음

어떤 일에 대한 미련이라는 마음을 쉽게 버리지 못하게 되면, 그 미련으로 인하여 손해 볼 일만 발생한다. 이는 기술적으로 확실하고 주도적인 길이 아니기 때문이다. 미련이란 막연한 추상적인 감정의 마음을 포함하고 있는 것이다.

"미련퉁이라는 말이 미련해서 어리석다는 말과 같고, 생각이 모자란다는 뜻도 되기 때문에 인생을 살아도 대박날 일은 없다."

神(신)과 通(통)하라

깊은 마음에서 우러나온 정성스런 몸짓과 말은 영혼이라는 존재를 통해서 신에게 그대로 전달된다. 神(신)과 통할 수 있는 것을 神通(신통)이라 하는데 신통에 의해서 신의 영감을 얻어낼 수 있게 되는 것이다.

"이 세상은 神이 통제하고, 神은 사람의 정성을 먹고 산다."

스승은 따로 없다

세상에서 둘도 없는 훌륭한 깨우침을 얻고 싶으면 우선 당신의 마음부터 비우는 법을 알아라. 그리하면 당신 마음속에 잠들어 있던 훌륭한 스승이 깨어나서 당신이 깨우칠 수 있는 길을 열어줄 것이다.

"당신의 마음을 잘 뒤져보면 별게 다 들어 있다."

자기색깔의 보존

이 시대를 사는 사람이라면 순진한 마음보다는 순수한 마음을 보이고 살아야 한다. 이것은 자기의 색깔을 나타내는 일부분이기 때문이다.

"사람은 평등하다 해도 사람마다 자기가 뿜어내는 향기와 색깔은 각기 다르다."

열린 마음

열린 마음이라는 것은 손을 편 손바닥과 같은 것이다. 손바닥을 펴고 있어야 일을 할 수 있고, 박수도 치고, 악수도 하고, 공도 잡고, 숟가락도 잡을 수 있다. 마음의 문을 닫아 두고 있는 사람들은 손을 오그려 쥔 주먹과 같다.

"열린 마음은 우리 모두가 평등하다는 자유선언이며, 다함께 하자는 희망이다."

나이가 들면

청춘의 시대를 지나 나이가 들수록 포기하는 것이 많아야 한다는 것은 마음을 점차 비워 영혼을 정갈하게 유지하라는 뜻이다. 이는 그대의 소망과 희망을 포기하라는 것이 아니며 다른 사람으로부터 비난받을 행동을 하지 말라는 뜻이다.

"어릴 적 무분별한 행동은 神(신)도 사람도 다 용서를 해 준다. 그러나 나이 들어서 돈에 욕심이 많은 사람들은 작은 잘못 하나에도 지탄받는 소리를 듣게 된다."

자충수

잘못된 마음으로 발생한 생활의 자충수에 엮인 사람들의 인생 말로는 비극으로 끝날 공산이 크다. 이를 피하고 싶다면 매사에 신중하게 생각하고 모든 면에서 거짓된 마음이 없어야 한다.

"바둑의 자충수는 게임에 불과하지만, 마음에 의한 생활의 자충수는 불행한 일을 겪게 되는 올가미가 된다."

천사와 손잡기

당신의 가슴속에 들어 있는 천사와 악마 중에서 神(신)은 당신에게 천사와 손을 잡으라고 하신다. 천사는 당신의 희망을 이루게 하는 끈의 역할을 하고 있음이다.

"마음의 원심분리기를 돌려서라도 천사를 찾아서 손잡아야 한다."

새옹지마

새옹지마의 덫에 빠져들지 않고 무탈하게 인생을 엮어가려면 마음의 욕심을 버리고 강한 믿음과 강한 의심의 영역에서 벗어나서 마음의 중정을 잘 유지하고 있어야 한다.

"산에 올라 세상을 내려다보면 당신이 있는 그 자리가 당신 세상의 중심이 된다. 다르게 말하면 세상의 일에 깊이 관여하지 않으면 새옹지마의 덫에 빠질 일이 없다는 뜻이다."

마음의 불협화음

자기의 정신을 흐트러지게 하는 주요 원인은 다른 사람들 때문일 수도 있겠지만, 근본적인 원인은 자기 마음에서 불협화음이 발생하기 때문이다.

"네 마음이 가능성과 불가능성을 섞어 놓은 믹스기계와 같은 것이다."

희망을 갖고

항상 희망을 한 개 정도는 갖고 살아라. 희망은 인생을 열어가는 힘이 되고, 생명의 불꽃이 되기 때문이다.

"희망이 없는 사람은 삶의 의미가 모두 무의미하다."

진실로 통하라

자기 마음이 항상 편안한 상태로 있기를 바란다면 접촉하는 모든 사람에게 진실한 마음으로 통해야 한다.

"사람이 정직하지 않으면 편안한 마음이 들 수 없고, 누구한테 밟혀도 꼭 밟힐 수밖에 없게 된다."

마음의 밝은 빛

마음을 잘 다스리는 능력은 자기 마음에 밝은 빛을 두게 되는 힘이 된다. 이는 어둡고 위태로운 길을 잘 살펴가기 위함이 되는 것이다. 마음의 밝은 빛은 일순간에 만들 수 있는 것이 아니지만, 깊은 생각의 습관으로 밝은 빛을 만들 수 있게 되고, 점차 다른 사람들을 헤아려 볼 줄 아는 혜안이 생긴다.

"마음속의 무한한 능력도 오래 갈고 닦아야 밝은 빛이 되고, 쓸 수 있게 된다."

희망을 가져라

희망을 가슴에 품고 있는 사람들은 좌절과 절망을 극복할 수 있는 능력의 힘이 생기게 된다.

"희망은 높은 담장을 날아서 넘어갈 수 있는 드론이다."

일이 잘 풀리려면

하고 있는 일이 잘 풀리게 하려면 마음을 활짝 열어두는 법을 알아야 한다. 활짝 열린 마음은 누구나에게나 친절한 마음이 되고, 격식이 없는 자기의 표현이 된다. 그리고 자연과 가까운 사람이 되는 입장이어서 신의 영감을 얻을 수 있는 준비가 된 마음이다.

"神(신)과 교감이 이루어지려면 모든 일에 정성을 쏟아야 한다. 정성이 마음그릇의 성장용 영양분이 된다."

마음의 느낌표

마음의 느낌표가 없는 사람들은 가슴속에 진실이 없기 때문에 정직한 뜻으로 말할 수 없게 된다. 마음의 느낌표는 감성과 이해에서 생성되는 진실이기 때문이다. 진실의 마음을 알려고 한다면 가식이 없는 소박한 마음으로 상대하는 사람을 잘 살펴보면 진실이 보이게 된다.

"이해와 같은 좋은 감성은 진실한 마음을 생성하게 한다."

勇氣(용기)와 두려움

용기가 충만 되면 두려움은 없어지고 결사항쟁의 자세가 나오게 되고, 용기가 사라지게 되면 두려움으로 바뀌게 된다. 용기는 희망의 길이 되고, 두려움은 죽음의 길이 된다.

"불의를 물리치고 정의를 찾는 용기, 썩은 독재 권력자에 맞서는 민중봉기, 엄청난 다수의 자유로운 행복을 위해서는 목숨을 바쳐도 아깝지 않아야 한다."

자존심

자기의 가치나 품위를 지키려는 자존심을 내세우는 것은 은혜든, 원수 갚음이든 받은 만큼 되돌려주려는 마음을 포함하고 있지만, 자존심을 너무 내세우는 것은 자기의 앞길을 가로 막는 장애가 될 뿐이다.

"삶을 사는 것에 자존심은 별거 아니다."

자신감

자기 능력에 맞는 일을 갖게 되면 훌륭하게 잘해 낼 수 있다는 자신감을 가져라. 그 마음속에 진취적인 역량이 빛을 발하게 되며, 일을 훌륭하게 마칠 수 있게 된다.

"자신감을 표현하는 마음은 무한한 가능성을 여는 첫 관문이다."

奇跡(기적)

어떤 일의 추진에 실수로 인한 큰 상실감은 괴로움이지만, 포기하지 않고 정면승부로 재도전의 돌파구를 찾는 용기의 마음을 갖는 것은 奇跡(기적) 같은 일이나 다름이 없다.

"포기하는 자에게는 그 어떤 기적도 행운도 없게 된다."

교만심

교만심은 아주 나쁜 마음이다. 교만심에 맛이 들린 사람들은 다른 사람들을 우습게 알게 되며, 자기 스스로에게 속고 사는 어리석은 사람에 지나지 않을 뿐이다.

"남한테 속는 것은 억울하다 하면서 자기가 자기에게 속고 사는 것에 대해서는 더 억울한 것인데 그것을 모르고 살아가니 어리석은 사람일 수밖에 없다."

겁과 자존심

겁과 자존심은 적당히 지니고 살아야 하며, 겁과 자존심이 너무 많거나 아예 없게 되면 인생 자체를 망쳐버릴 수 있다.

"이 세상은 음양의 조화로 이루어진 것이므로 사람도 모든 면에서 한쪽으로 치우치지 않는 적정한 유지가 필요하다."

마음의 눈

눈으로 볼 수 없는 숨은 실체를 제대로 볼 수 있으려면 마음수련을 통한 올바른 정신력에 의한 禪定(선정)의 心眼(심안)을 지니고 있어야 가능하다.

"신 내림을 받았다는 무당의 신묘한 안목도 高僧(고승)들의 눈에는 하찮게 보일 뿐이다. 선정의 심안은 남의 점괘를 봐 주는 눈이 아니기 때문이다."

습관을 경계하라

습관에 길들여진 안이한 마음의 나태한 행동을 경계할 줄 알아야 한다.

이는 그 어느 때이든지 불의의 사고를 미연에 방지하기 위함이다.

"안이한 마음의 고착은 재난을 일으키는 안전 불감증으로 나타난다."

좋은 운명으로 살기

좋고 나쁜 모든 범사에 감사한 마음을 표시할 줄 알고, 확실한 자기책임감, 의로운 마음과 예의, 일상의 모든 것에 정성을 들이는 마음, 남을 배려할 줄 아는 마음, 사람의 기본의식 실행. 이 중에서 한 가지만이라도 제대로 지키고 살게 되면 좋은 운명으로 살 수 있다. 한 가지라도 제대로 하게 되면 나머지 것들은 저절로 다 하게 되어 있다.

"자기의 운명을 좋은 쪽으로 전환하는 것도, 하기 싫은 사람한테는 억지로 손에 쥐어줘도 쾌락을 즐기는 삶을 위해서 버리고 간다."

좋게 변하라

상식의 범위 안에서 사람은 좋은 쪽으로 변하고자 하는 마음만 있다면 자기가 변하고 싶은 방면으로 충분히 변할 수 있는 존재이다. 변할 수 있다는 마음가짐은 자기에게 주어진 운명도 좋은 운명으로 바꿀 수 있다는 뜻이다.

"즐기는 인생으로만 치닫게 되면 살아가는 삶 자체에 정성이 있을 리가 없고, 정성이 없는 삶의 인생은 기분이 좋지 않는 나쁜 운명으로 달려가게 된다."

보는 눈이 다르다

마음이 착하거나 좋은 사람은 다른 사람들의 좋은 점만 보려고 하는데, 마음이 악한 사람이거나 나쁜 사람들은 다른 사람들의 나쁜 점만 보려고 한다.

"부처의 눈에는 부처 같은 사람만 보이고, 똥개 눈에는 똥만 보인다."

비교하는 마음

인생을 살아가면서 자기의 처지와 위치를 남들과 비교하지 말라. 비교의 차이에서 오는 자만심과 교만심 그리고 자괴감과 슬픔 같은 좋지 않은 마음들은 결국 자기를 인생의 함정에 빠져들게 할 뿐이다.

"있으면 있는 대로, 없으면 없는 대로, 가진 만큼, 배운 만큼, 애오라지 인생은 슬픈 듯이 보이지만 비교가 없는 정직한 삶이다."

사람 되는 세 개의 조건

첫째 조건은 양심을 지키고 살아라. 둘째 조건은 염치와 체면을 차리고 감사하는 마음으로 살아라. 셋째 조건은 자기반성과 깨우침을 얻는 삶을 살아라. 셋째 조건까지 완비하고 살아가야 사람다운 사람으로 살아갈 수 있다.

"아무런 조건 없이 성취할 수 있는 결과물은 없다."

귀신 물리치기

올바른 마음의 정신력으로 心氣(심기)가 깊은 사람으로 변해 있으면 그 어떠한 귀신이라도 함부로 달라붙지 못한다. 심기가 깊은 사람은 정령의 신과 가까운데 정령의 신은 귀신을 아기 다루듯이 하는 神(신)이기 때문이다.

"사람은 걸어가는 수준이고, 귀신은 뛰어가는 수준이고, 정령의 신은 날아가는 수준이다."

은혜

은혜를 입은 사람은 감사하는 마음이 하늘을 찌르고, 그 은혜에 보답하기 전에는 쉽게 죽을 수도 없다. 은혜를 갚는 그날까지 가슴 깊이 새겨두고 살아가게 될 것이며, 그 어디에 가더라도 나쁜 길로 빠져들지 않고 살아갈 수 있게 만든다.

"보은의 은혜는 갚아야 하는 것이며, 능력이 되지 않더라도 노력은 해야 한다."

시작의 세 가지 마음

어떤 일에 대한 시작의 마음가짐이 되는, 마음이 생기는 생심이 있고, 일을 하기로 마음을 먹는 작심이 있고, 일을 추진해나가려는 결심의 마음이 있다. 이 순차적인 일의 진행도 그 어떤 필요성에 대해서는 동시에 마음에 의한 행동의 실천으로 이어지게 되며, 이는 신속한 행동의 추진력을 발휘하게 한다.

"이루어진다는 희망을 담은 가벼운 마음으로 출발한 일의 진행은 기분까지 좋아진다."

최면술

생활의 안정을 위한 마음을 바로 잡기 위하여 최면술사의 도움을 받는 것도 좋은 방법이 되지만, 스스로 해결하려는 의지의 마음으로 자기 內面(내면)의 속마음 암시 같은 자기최면술로 더 좋은 효과를 볼 수도 있다.

"마음속에는 이루지 못할 것이 하나도 없는 무한의 능력을 지니고 있다."

부끄럽지 않으려면

부끄럽지 않은 인생을 잘 엮어 가려면 나쁜 마음의 갈등이나, 괴로움의 몸부림이나, 분노의 표출이나, 악한 마음의 행동 등을 스스로 억제할 수 있는 능력을 키워야 한다. 아울러 다른 사람들에 대한 사랑과 배려하는 마음으로 살아가게 되면 부끄럽지 않고 얼굴을 들고 당당하게 살아갈 수 있게 된다.

"밝은 행동은 얼굴을 밝게 만들고, 나쁜 행동은 얼굴을 어둡고 무섭게 만든다."

어린 아이와 같다

세상을 살아가면서 좋은 뜻을 세운 결심대로 몸을 움직이지 않으면 소용이 없는 것이다. 이 말은 당신이라는 존재가 어린 아이와 같은 존재에 머물러 있다는 것과 같다.

"움직이지 않는 좋은 뜻의 세움은 시간만 낭비하는 꼴이다."

아름다운 인생이 되려면

이런 일 저런 일 다 겪게 되는 것이 인생의 삶일지라도 좋은 일만 겪는 인생은 없다. 살아가다가 어느 순간에 핍박 받는 일이 발생을 하더라도 항상 '어질 仁(인)'의 마음으로 살고, 참을 줄 아는 '참을 忍(인)'의 미덕으로 살아가게 되면 아름다운 인생으로 살아갈 수 있다.

"태도와 행동을 잘하고 다니면 다른 사람들의 눈에 자연히 아름다운 사람으로 비쳐보이게 된다."

행복의 존재

'나는 행복하다.'는 생각만으로 행복이 아니다. 행복은 진실한 삶의 인생을 아는 데서 생겨난다. 따라서 기쁨과 즐거움만을 느끼는 마음은 행복이 아니며, 행복은 조건적인 파생물이 아니고 존재 자체이기 때문에 사랑하고 감사할 줄 아는 마음만 가지고 살아가도 항상 행복에 젖어 있게 된다.

"행복은 억압당하지 않는 자유스러운 몸짓에서 꽃이 피는 것이다."

진정한 행복

진정한 행복이란, 발전 가능한 희망을 갖는 것이요, 아름다운 삶을 영위하는 것이요, 여유로운 마음을 갖는 것이요, 더불어서 행복해지기 위한 수단이 되는 것이다. 진정한 행복을 느껴보고 싶다면 다른 사람들을 많이 사랑해 줄 수 있는 삶을 살아가야 한다.

"다른 사람들을 많이 사랑 해주려면 가진 돈이 많으면 좋은데 마음이 착한 사람들은 돈을 많이 가진 사람 거의 없다. 그럼에도 남을 사랑할 줄 안다."

그리움의 행복

아늑한 고향 같은 곳에 마음이 가 있거나, 아름다운 추억 속에 마음이 가 있거나, 다정한 연인에게 마음이 달려 가 있거나, 멀리 떨어져 있는 친한 친구에게 마음이 가 있거나 한 상태라면 당신은 지금 그리움이 숨을 쉬는 행복의 뜰에 머물고 있는 것이다.

"생각의 자유로움은 군부대 위병소의 면회실과 같은 것이다."

착한 사람

착한 사람은 공기가 반쯤 찬 풍선과 같고 웬만한 압력의 자극에도 잘 터지지 않는 성격이어서 험난한 세상을 살아가더라도 무난하게 세상을 살아갈 수 있는 좋은 운명의 삶을 살아갈 수 있게 된다.

"욕심으로 탱탱하게 찬 풍선은 뾰족한 나무 끝에 살짝만 닿아도 터져버린다."

마음의 門(문)

마음의 門에는 겉의 문과 속문이라는 두 개의 문이 있다. 겉문만 열어두고 속문을 닫아두고 있는 사람과 겉문 속문 다 열어두고 있는 사람, 겉문조차 닫아두고 있는 사람들이 있다. 이 중에서 겉문 속문 다 열어두고 살아가는 사람은 마음에 허위가 없고 순박한 자연에 가장 가까운 사람이며, 언제나 神(신)이 함께하는 사람의 부류에 속하는 것이어서 좋은 운명의 길로 살아가는 행운으로 살게 된다.

"사람의 몸이 자연의 일부분인데 마음의 문을 닫고 살아봐야 자기만 손해다."

마음 다스리기

자기의 마음을 잘 다스릴 줄 아는 것이 좋은 행동으로 이어지게 되는데, 이는 많은 책을 읽는 것보다 더 중요한 위치에 있는 것이다.

"보검을 연마하듯이 마음을 정성으로 닦아 놓고 잘 다스려야 한다."

마음의 동화작용

어느 평범한 사람의 좋은 행동을 항상 보는 입장에 있어도 마음에 아무런 느낌이 없고 마음의 동화작용도 없는 사람들은 생각의 개념이 없거나 희박해서 그런 것이고, 보나마나 마음의 문을 꽁꽁 닫고 살아서 그런 것이다.

"다른 사람들 눈에 답답하거나 하찮게 보이는 사람으로 비치지 말라. 다른 사람의 좋은 면을 보게 되면 본을 받는 마음을 가져야 사람행세를 할 수 있다."

마음의 역할

'마음을 곱게 써야 한다.' 이 말을 아침마다 자기에게 한 번씩 각인시키다 보면 마음이 당신의 인생에 어떤 역할을 하는지 확고히 알 수 있게 되고, 당신의 인생은 이 말에서 출발한 언행으로 인하여 좋은 길의 운명열차를 타고갈 수 있게 될 것이다.

"'말이 씨가 된다.'는 말이 있듯이 염불도 씨가 되고, 당신의 말도 씨가 된다. 때문에 좋은 말은 수시로 뱉어내어도 잘못될 일이 없다."

C. 道(도), 인격

C. 道(도), 인격

하늘의 氣運(기운)

하늘의 氣運은 자연을 이루었고, 사연의 기운은 道(도)를 이루었고, 道의 기운은 사람을 일구었다. 따라서 사람은 道를 지켜야 하고, 자연을 보존하고 사랑해야 되고, 하늘을 숭배하는 입장이 된 것이다. 사람이 죽게 되면 道를 지킬 수 없게 되며, 몸은 자연으로 돌아가게 되고, 영혼과 사람의 기운은 하늘의 기운에 합류하게 된다.

"하늘의 기운은 눈으로 볼 수 없으니, 하늘의 기운이 얼마나 강대한지 인간들이 모르고 있을 뿐이다."

生死(생사)의 경계선

가까웠던 사람이 죽음의 문턱을 넘어갈 때 당당하고 슬기로운 사람은 이 세상의 참모습을 알고 그리 슬퍼하지 않는다. 울고 슬퍼하는 것으로

마음의 평안을 얻지 못하며, 오히려 괴로움만 가중되고 몸만 여월 따름이다. (부처님 말씀)

"눈물 흘린다고 죽은 사람이 살아오지 않는다. 빨리 정신을 수습하는 게 낫다."

生死(생사)의 有(유)와 無(무)

살아 있음과 죽음은 매 순간 숨을 쉬는 사이에 있는 것이며, 눈을 뜨고 있을 때는 모든 것이 그림자 같은 虛影(허영)의 有가 있을 것이며, 눈을 감고 있을 때는 모든 것이 空(공)한 無가 있을 따름이다. 숨 못 쉬고 죽은 사람 많다. 잠자다가도 죽는다. 죽었거나, 잠을 자거나, 의식이 없는 것은 같은 것이다.

"삶과 죽음이 덧없으니 마음에 지나친 욕심 갖지 말고, 살아 있을 적에 사랑을 베풀고 좋은 일을 하면서 살라."

道(도)의 깨달음

자기 스스로 알아서 깨우치며 얻는 깨달음은 건너가지 못할 강을 건너가게 해 주는 나룻배와 같다. 道를 아는 사람은 자기가 있는 그 자리에서 다른 사람들의 행복을 위한 세상을 만들려고 할 것이기 때문에 자기의 나룻배는 다른 이들을 위해서 쓰게 된다.

"깨우치지 못한 사람들은 道를 알지 못한다. 그러므로 깨달은 사람의 道를 배워서라도 사람답게 살아가야 한다."

道(도)에 이르는 길

'세상과 청산은 어느 곳이 옳은가. 봄볕이 이르는 곳에는 꽃 피지 않는 곳이 없구나.' 세상과 청산은 다르지가 않으며, 맑고 푸른 깊은 청산에서 수도하는 스님이거나, 일상생활을 하는 세상의 사람이거나 진리를 찾아 道를 이루려는 길에는 차이가 없다는 시의 구절.

"'네 마음이 바로 부처이니라.' 하고 설법을 한 부처처럼 살라."

無(무)의 6道(도) 4生(생)

'無'의 칼로 부처를 만나면 부처를 죽이고, '無'의 칼로 조사를 만나면 조사를 죽인 후에라야 6도 4생의 그 모든 현상에서 초월하여 대 자유를 얻을 수 있게 된다. 禪(선)의 수행에서 견성하여 道(도)의 깨달음에 이른 옛날 고승들은 '無'자의 화두를 많이 점지하였으나, 佛家(불가)에서 견성할 수 있는 禪問答(선문답)의 화두는 1천여 개가 넘는다.

"저 세상은 가만히 있는 것 같지만 神은 인간들마다의 죄업을 일일이 판별하여 6도 4생 윤회의 미끄럼틀에 밀어 넣고 만다."

* 6도 : 지옥, 아귀, 축생, 아수라, 인간, 천상
* 4생 : 胎生(태생), 卵生(난생), 濕生(습생), 化生(화생)

佛法(불법)의 大意(대의)

"佛法의 大意란 무엇입니까?"

"산과 들에 널려 있는 똥이다. 너 자신이 똥이 되어 세상의 처처에 이로

움을 주는 것이 佛法의 大意이니라."

"배설하는 똥오줌만 거름이 되는 게 아니다. 빛나는 정신의 배양은 사
람들 마음의 정신적인 거름이다."

* 똥 : 먹는 음식도 될 수 있고, 모든 것이 성장할 수 있는 영양분이나 거름이 된다는 뜻. 여기서
말하는 똥은 광명의 빛과 같은 뜻을 지닌다.

얼

'열 길 물속은 알아도 한 치도 안 되는 사람의 속은 모른다.'는 말이 있
지만, 자세히 뜯어보고 살펴보면, 그 사람의 진면목을 알 수 있는 길은 있
다. 얼(정신)은 눈빛으로 나타나고, 전체 얼굴 표정에서는 감성상태를 읽
고, 말하는 것에서는 교양 상태를 가늠하고, 태도에서는 평소의 생활 상
태를 읽고, 행동에서는 마음상태를 읽고, 몸에서 풍기는 기운은 善惡(선
악)을 읽을 수 있다. 이를 종합하면 그 사람 됨됨이 수준의 상태를 알 수
있게 된다. 그러나 사기꾼의 사람한테는 얼굴에서 아무것도 읽어낼 수가
없다. 사기꾼은 사람을 속이는 것을 전문적으로 하기 때문이다.

"解悟(해오)의 경지에 있는 사람이라면 사기꾼 식별이 가능하게 된다."

* '해오'라는 것은 지식의 논리로 깨달음에 이른 경지를 말한다.

佛乳閣(불유각)

일반 대중들 속에 떠도는 선정적인 음담패설의 말이라고 할지라도 부
처의 마음으로 봤을 때는 진리가 아닌 것이 없으며, 이를 가리켜 '부처님

의 젖이 나오는 정자' 또는 '부처님의 젖을 먹는 정자'라고 하여 '불유각'이라 하는 것이며, 음담패설의 재미에서 벗어나지 못하고 그 속에 빠져들게 되면 한낱 속악한 사람에 지나지 않게 된다.

예) "저 산에 딱다구리는 생나무 구멍도 잘 뚫는데, 우리 집 멍텅구리는 뚫려 있는 구멍도 뚫지 않는구나." (성행위 묘사) ― 여기에서 '부처로 가는 길은 훤하게 잘 닦여져 있는데, 왜 굳이 이상한 비탈길로만 가는가?' 하는 진리가 있는 것이다.

"깨달음 없이 살게 되면 사람들은 너나없이 다 그놈이 그놈같이 똑같아 보인다."

見性成佛(견성성불)의 길

마음의 수양에서 見性을 이룬 사람이라면 사람을 볼 줄 아는 禪定(선정)의 心眼(심안)을 가질 수 있다. 지식의 논리로 이해한 경지에 오른 것은 解悟(해오)이며, 견성성불에 도달할 수 있으려면, 생각의 단계를 뛰어넘는 삼라만상 모든 것에 대한 깨달음의 경지에 이르러야 비로소 見性成佛의 길에 오를 수 있게 된다.

"견성성불이 아무리 높아보여도 오르고 또 오르면 누구나 다 올라갈 수 있다."

道(도)

道를 알아야 하는 의미는 단순한 마음수양이 아니고 자기가 행하고 있는 현재의 일에 온전한 마음을 기해 잘못됨이 없게 하는 것과 올바른 정신력을 갖기 위함이며, 자기성찰을 위하여 마음을 수양하는 것과 인간의 삶을 보다 안전하고 편안하게 유지되도록 정성으로 노력하는 행동이 진정한 참된 道이다.

"道에 대해서 안다고 하는 사람들은 많은데 실천하는 사람은 없다. 전부 거짓말의 뻥쟁이들."

道德(도덕)의 정의

道德의 정의는 모든 사람들의 인권과 안위를 위하고, 다른 사람들로부터 비난의 대상이 되지 않게 자기의 자리를 잘 보살피는 양심과 책임이 있는 마음가짐으로, 세상을 살아가는 태도와 바른 행동을 하여 정의로운 사회구현을 위하는 것이다.

"道를 알면 도덕은 덤으로 저절로 알게 된다."

道理(도리)의 생활철칙

철칙의 1조는 사람이라면 사람이 사람답게 살아갈 수 있는 사람으로 세상을 살아가는 사람이어야 한다. 철칙의 2조는 仁(인), 義(의), 知(지), 禮(예), 德(덕)을 항상 기억하고 실천할 수 있는 사람이어야 한다. 철칙의 3조는 公(공)과 私(사)의 구별이 뚜렷하고 항상 자기를 돌아볼 줄 알며, 반성할 줄 아는 사람이어야 한다.

"도리의 철칙에서 벗어나면 안 된다. 그런 사람은 벌레인생이나 개똥인생이 된다는 뜻이다."

바른 길의 道(도)

도술을 부리는 道는 없는 것이며, 올바른 정신력으로 바른 길을 가는 道가 있을 뿐이다. 正道(정도)의 길을 가고자 한다면 仁(인), 義(의), 知(지), 禮(예), 이 네 가지와 거짓이 없는 정직한 마음의 언행을 실천하고 살아가야 한다.

"道의 첫걸음이 정직한 말과 바른 행동이다."

일면불 월면불

하루를 살더라도 일면불 월면불 같은 마음으로 세상을 살아간다면 하루를 살다가 죽으나, 1,800년을 살다가 죽으나, 살아가는 동안에는 억울함이나 분노의 마음 없이 탈이 없는 삶을 살아갈 수 있게 된다.

"예수를 배반한 제자는 있어도 부처를 배신하거나 부처와 싸운 이는 아무도 없다."

*日面佛(일면불) 月面佛(월면불) : 하루를 살다 간 부처와 1,800년을 살다 간 부처

德(덕)과 斥(척)

당신이 지니고 있는 德은 당신의 좋은 인격과 겸손에서 발생되는 것이다. 이는 자기가 하는 언행의 태도 여하에 따라서 德이 될 수도 있고, 斥이 될 수도 있다.

"德은 다른 사람들과 함께 있을 때 德의 향기가 퍼져나가는 것이다."

* 斥(척) : 물리쳐야 할 대상

인격

격이 높은 인격은 존경스러워 보이고, 격이 낮은 인격의 사람은 다른 사람들로부터 하찮게 보일 뿐이다. 인권주의의 인격을 말한다면 권선징악에 의한, 행한 대로 거두게 되는 것이 인격이다. 인격이 훌륭한 사람은 맛있는 과일의 좋은 열매와 같고, 인격이 아주 나쁜 사람은 썩은 과일과 같은 것이다.

"사람은 어디에 내놔도 쓸모가 있는 사람이어야 한다."

인격관리

맛있게 잘 익은 과일도 세찬 바람을 맞아 땅에 떨어지고 나면 가치가 없는 과일이 된다. 인격이라는 것도 이와 똑같아서 주변에 나쁜 사람을 가까이 두지 말아야 한다.

"자기만 잘하고 살면 문제없다는, 그런 사고방식은 위험한 생각이다. 주변을 잘 돌아볼 줄 알고 나쁜 사람을 옆에 두지 않아야 한다."

진정한 자기

당신의 몸은 진정한 자기가 아니다. 생활에 의한 습관의 벽을 허물고 자연에 대한 깊은 통찰의 생각을 하게 되면 비로소 진정한 자기를 볼 수 있게 된다.

"자연을 떠난 자기라는 존재는 있을 수 없고, 만들 수도 없는 것이다."

의로운 정의

악이 흘러넘치고 세상이 아무리 험악하다 하여도 의로움의 정의는 결코 사라지지 않고 惡(악)을 정복할 수 있게 되어 있다. 왜냐하면 사람들이 세상을 살아가는 와중에도 악은 배척해야 하는 존재인 것으로 알고 있기 때문이다.

"권선징악의 세상은 영원하도록 계속 이어지고 있다."

道理(도리)를 지켜라

사람들 모두가 하나 같이 道理를 지키고 살면 그 어떠한 일의 추진과정에 있어서도 人災(인재)로 인한 큰 불의의 재난사고 같은 일은 절대로 발생할 수 없다. 도리를 지키며 살아가야 하는 필요성은 인생을 살아가면서 눈으로 볼 수 있는 것만이 전부가 아닌 것이며, 가려져 있는 숨은 실체가 당신에겐 엄청난 禍(화)가 될 수 있기에 어떤 일의 추진에 있어서라도 도리는 지키고 살아가야 禍를 면할 수 있다.

"禍를 당하는 사람들을 보면 대부분 돈 욕심과 연관이 있는 사람들이다."

道(도)를 아는 길

仁(인)과 德(덕) 그리고 정직하고 의로운 마음만 갖고 살아도 道가 무엇인지 저절로 알게 된다.

"道는 이루기 위해서 존재하는 것만이 아니다. 道의 문을 두드리는 순간, 당신은 이미 좋은 사람이 되어 가는 것이다."

正道(정도)의 삶

正道의 삶이란 올바른 정신으로 상식을 벗어나지 않고 정직한 표현과 의로운 마음의 무장, 널리 사랑하는 마음이 축이 되어 살아가는 삶을 말하며, 세상사는 것의 모든 불편함을 생동감 넘치는 활력으로 변화시켜 사람들 모두가 편안한 마음으로 살아갈 수 있게 하는 것이다.

"正道의 삶은 다른 사람들과의 불필요한 마찰을 없게 하여 밝은 사회를 구현하는 것에 역점이 있다."

삶의 지표

무엇으로 사는가? 무엇 때문에 사는가? 무엇을 하면서 사는가? 이 세 가지 물음에 부끄러움 없는 삶을 살아갈 수 있다면 그것이 아름다운 삶이고 자기의 인격에 부끄럽지 않고 당당하게 세상을 살아갈 수 있는 삶의 지표가 되는 것이다. 이렇게 살기 위해서는 정도의 도리를 알고 살아가야 한다.

"사람은 사랑으로 살며, 사랑 때문에 살며, 사랑하면서 사는 것이다. 이 사랑은 고귀하고 숭고한 사랑이어야 한다."

道理(도리)를 떠난 삶

'도리를 지키면서 살자.' 하면 권선징악에 의한 사랑의 실천이 넘쳐나는 삶이 될 것이다. 그러나 '도리를 떠난 삶을 살아도 된다.' 하면 평범한 사람들은 각자도생의 삶을 살아가므로 무질서하게 살아가는 형태가 될 것이며, 이로 인해 악의를 품는 선한 마음과 선한 마음을 가장한 악마들이 판을 치는 세상이 될 것이다.

"사람의 마음속에는 천사와 악마가 기거하는 두 개의 집이 있다. 악마의 집을 쳐부수기 위해 도리를 지키며 살아가야 한다."

부처가 되어라

악마의 유희 같은 범죄행위에 의한 피해자나 가해자가 되지 않으려면 당신 스스로 道(도)의 삶을 살면서 부처 같은 사람으로 변해 있어야 한다.

"이 세상은 천사와 악마가 공존하고 있는 세상이다. 아무리 부정을 하려 해도 피할 수 없는 사실이다."

나무와 삶

큰 나무가 될 어린 나무를 심고 가꾸어 키워나가다 보면, 어느 때 가서는 생각에 의하여 삶의 의미를 깨달을 수 있게 된다. 그러나 생각도 없이 그냥 키우다 보면 삶에 도움이 되는 그 무엇도 얻지 못하게 될 것이다.

"사람도 큰 나무가 될 것처럼 마음을 다지고 살아가야 좋은 인생을 살
게 된다."

비로소 보이는 것들

눈을 뜨고 있어도 볼 수 없었던 모든 것들 중에는 눈을 감고 있으면 비
로소 보이는 것들이 이 세상에는 수없이 많다.

"도리를 지키고 살아가게 되면, 모든 일에 있어서 눈으로 볼 수 없는 것
에 대한 근심이나 두려움 같은 마음은 발생할 수가 없다."

사람 아닌 사람들

'찬물도 위, 아래가 있고, 똥물도 파도가 있다.' 하는 이 말은 이 세상 구
석구석 어디에서나 禮(예)와 道(도)가 존재하고 있다는 말이다. 하여 禮와
道를 모르고 살아가는 사람들은 사람 아닌 사람과 같은 것이다.

"예와 도를 아는 사람은 사람답게 살고, 예와 도를 모르는 사람들은 벌
레인생을 살게 된다."

정의로운 사람의 용기

정의로운 사람의 용기 속에는 할 수 있다는 자신감과 神(신)이 함께하
는 행운이 따르게 되며, 슬기로운 지혜도 가질 수 있게 된다.

"정의로운 사람은 정신이 올바르기 때문에 신이 좋아하며 보호해 주는
것이다."

도사도 별수 없다

도사라고 할시라도 노리를 지키지 않고 살아가게 되면 어느 한순간에 몸을 크게 다치거나 목숨을 잃을 수도 있다.

"사람은 격에 맞는 행동을 하지 못하고 이탈한 행동을 하게 되면 누구든지 큰 禍(화)를 당할 수 있다."

과대포장

자기인생을 살아가면서 삶의 진실한 깨달음을 얻게 된다면 자기를 과대포장할 필요가 없음을 알게 된다. 왜냐하면 있는 그대로 표현하며 사는 마음이 훨씬 편하다는 것을 알기 때문이며, 당당하게 살아갈 수 있는 마음의 기반이 되기 때문이다.

"인간들의 얄팍한 마음들이 겉이 번지르르하면, 안에 든 것도 좋은 줄 안다."

강물의 비유

자기 명성의 드날림으로 큰 강물 같은 사람이 되었다고 세상을 우습게 대하지 말라. 강물이 더러우면 물고기가 살지 못하는 강이 되는 것은 한순간이다.

"자기 스스로의 능력으로 큰 사람이 되었을 경우에는 잘못된 편법을 쓰지 말라."

지혜 없는 지식인

지혜가 없는 사람이 알고 있는 지식이 아무리 많을지라도, 결국 그 많이 알고 있는 지식들은 모두 쓰레기에 지나지 않다. 지식으로 인한 지혜의 발출은 더불어 사는 기반이요, 사회에 대한 사랑이기 때문이다.

"혼자 잘 먹고 잘 살기 위해서 지식을 쌓는 것은 벌레인생을 살게 될 뿐이다."

고민

살다 보면 어느 누구나 겪는 마음 중에 고민이라는 마음이 있다. 고민에 빠진다는 것은 정당한 일에 대한 이탈행위가 되는 것이며, 손해 보지 않고 일을 처리하고 싶은 얄팍한 심리가 작용하게 된다. 그러나 정직한 마음의 밝은 생활을 영위하고 있었다면 고민에 빠질 하등의 이유가 발생하지 않는다.

"정직하게 살아야 하는 이유는 나쁜 상황의 일을 만나지 않기 위함이다."

선견지명을 갖자

자기가 자기의 능력을 확고히 믿는 것이 자신감이며, 자기를 잘 아는 것과 자기를 등불로 삼는 마음은 밝은 세상으로 나아가는 길이 된다. 이로 인하여 올바른 정신을 유지하게 되며, 올바른 정신의 생각들은 선견지명을 갖는 바탕이 된다.

"올바른 마음이 올바른 정신을 갖게 하고, 올바른 정신이 행동을 바르게 한다."

인생철칙

자기인생의 살아갈 날들의 희망과 지나간 날들의 추억 사이에서 회유한 그리움에 젖어든다 하여도 인생철칙을 접목한다면 인생의 삶을 살아가야 할 이유와 존재의 이유를 깨달아서 살아가야 한다.

"자기가 만든 인생철칙은 철학의 자식뻘이다."

하늘을 알다

자기 주변에 있는 모든 것들을 소중하게 여길 줄 아는 마음과 매사에 정성스런 마음으로 대하며 편견 없이 사랑하는 마음으로 세상을 살아가는 사람이라면, 이는 하늘을 아는 단계에 와 있는 것이다. 지천명의 나이대에 살고 있으면서 하늘의 뜻을 모르고 살게 되면, 주변 사람들로부터 비난 받을 일을 수시로 하게 된다.

"나이 60세 넘어서, 젊은 사람한테 '더러운 영감탱이 나이는 똥구멍으로 처먹었나?' 이런 욕을 듣는 사람은 되지 말라."

명예보다 인격 우선

어쩌다 명예를 얻든, 노력을 하여 명예를 얻든, 밥줄서기 잘하여 명예를 얻든 명예는 존귀한 것이며, 적당히 정직한 정당성이다. 명예는 곧 권력이 되는 것이며, 명예의 권력을 잘 쓰는 사람은 존경을 받게 되고, 명예의 권력을 잘못 쓰는 사람은 인격이 바닥으로 내려앉게 된다. 명예는 욕심으로 얻어지는 것이 아니다. 명예보다 중한 것은 인격이다.

"명예의 권력으로부터 인격을 올리는 방법으로 좋은 일을 많이 하게 되면 현명한 사람이 되고 또 존경을 받는 사람이 된다."

보이지 않는 손

그대는 다른 사람들을 위한 아름다운 선행의 보이지 않는 손이 되어 본 적이 있는가? 많이 있다면 마음그릇이 아주 큰 사람이다. 이런 선행이 없는 사람들은 보나마나 소인배 같은 사람이 분명하다.

"보이지 않는 착한 손은, 동화 속의 두꺼비 며느리와 같은 느낌이다."

* 보이지 않는 손 : 아무도 모르게 조용히 행하는 일의 행동을 말함.

무위의 삶

'잘났다' '못났다' 하는 등의 반대 성격을 지닌 것들의 판단기준은 상대성에 대한 비교의 탄생물일 뿐, 본래의 바탕은 같은 것인데 비교심리에 의한 내세움은 有爲(유위)에 의한 이기심의 시작을 알리는 신호탄이 된다. 비교하지 않는 마음의 중정을 지키며 사는 삶이 無爲(무위)의 삶이 되는데, 이런저런 구설수에 휘말리지 않고 따뜻한 마음으로 살아가게 된다.

"적당한 욕심으로 살아가면서도 때로는 마음을 비울 줄도 알아야 한다."

가슴의 신용장

아름다운 마음의 표출과 약속을 잘 지켜주는 신뢰의 마음은 가슴속에 새겨두는 마음의 신용장이 된다. 이것도 인격이 훌륭한 사람이라야 가능하다.

"마음의 신용장이 된 사람들은 광주 5·18 전두한의 무공훈장 64개를 받은 사람들의 머리를 밟고 있어도 되는 사람들이다."

이중인격자

배우되 올바르게 배우지 않고, 생각하되 올바른 생각이 아닌 자기 좋은 쪽으로만 생각하고, 세상을 살아가되 세상의 이치에 어두운 사람들이 본능과 이성 사이에서 사람이 많은 곳에서는 남들의 눈치만 살피면서 착한 척하고, 사람이 없는 곳에서는 못된 인간의 본성을 나타내는 사람은 이중인격자가 되는 것이다.

"사람은 정확하게 배우지 않으면 모두 이중인격자의 위험 인물이 될 소지가 있다."

중정의 평상심

가슴에는 따뜻한 사랑의 열정 같은 마음을 유지하고 좌우 흔들림이 없는 정중동의 평상심을 잘 유지하고 세상을 살아가게 되면 다른 사람으로부터 비난받을 일은 없게 된다.

"네 마음이 부처요, 네 마음의 중심이 모든 것의 중심이다."

道理(도리)에 따른 마음

道理에 어긋나는 사악하고 고약한 마음의 표출은 집착의 욕심에 의한 이기심이 자기 우월주의를 내세우기 위해서 발생되는 것이며, 의로운 마음의 따뜻한 열정 같은 사랑의 마음은 진실의 진정성에서 발생되는 것이다.

"도리를 지키고 사는 사람들은 도리를 안 지키는 사람들 때문에 억울한 면이 많다."

돈보다 사람 우선

사람의 마음은 돈을 주고 살 수 있어도 믿음의 신뢰와 고귀한 사랑은 돈으로 살 수 없다. 그렇기에 돈보다는 사람 같은 사람됨이 우선이어야 한다.

"사람은 수명이 정해져 있고, 돈은 수명이 없고 더해지는 탄생만 있다."

착한 일할 때

착한 일을 할 때에는 생색을 내거나 요란 떨지 말고 조용히 행하라. 생색을 내거나 요란 떨면서 하는 착한 일을 하는 당신이라면 마음에 그 어떤 보상을 받기 위한 기대심리가 작용했다는 것이 된다. 기대심리는 자기를 속이는 자기 기만행위에 해당하는 행동이 되는 것이다.

"생색을 내는 것은 꼴값의 대상이 되는 못난 짓이다."

인생 공부

인생에 대한 공부는 경쟁자가 아무도 없다. 그런 만큼 자기인생에 대한 책임은 자기에게 있는 것이며, 보다 나은 인생을 위해서 많이 배우고 사물에 대해서 많이 깨달아야 한다.

"인생 공부는 깨닫는 만큼 모두 당신의 것이다."

지켜보고 있다

무슨 일을 하든 항상 누군가가 당신이 하는 행동을 지켜보고 있다고 여겨라. 이는 하나님을 믿는 것보다 더 좋은 영향을 당신에게 끼치게 된다.

"감시자가 있다, 없다 하는 판별의 영향에 매이지 말고 항상 행동을 바르게 하라."

인격은 순간의 결정체로

평범한 일상 속의 사람들은 다들 범부처럼 보이지만 사람마다 인격의 가치는 겉으로 드러내고 있는 것이 아니어서 평소의 마음가짐이 뭉쳐져서 인격은 중요한 순간에 결정체로 나타난다. 하여 마음에 허위가 있게 되면 이 역시 다 나타나게 된다.

"마음의 수양이 잘되어 있는 사람도 자칫 화를 낼 수 있는 상황이 있다."

인격을 돌봐라

먹고 사는 문제에 어떤 일의 분야에서 자기 명성이 높아질 필요성이 있다면, 우선 자기의 인격부터 잘 돌봐야 한다. 인격이 개차반이면 자기의 모든 것이 헛방이다.

"훌륭한 선생은 인격도 훌륭하고 존경의 대상이 된다. 못된 선생은 돈만 밝히면서 인격은 개차반이다."

사람의 깊은 맛

사람의 깊은 맛은 긴 세월 묵묵히 참고 견디는 것에서 우러나온다.

"묵은 김치에서 깊은 맛이 우러나듯, 사람의 깊은 맛도 이와 같다."

권력의 맛

자기가 가지고 있는 권력을, 公共(공공)을 위해서 잘 쓰게 되면 공명성에 의한 존경의 대상으로 존재하게 되고, 이기적인 私心(사심)을 위해서 권력을 남용하여 재물 모으기에 맛을 들인다면 자기를 스스로 옭아매는 올가미에 걸려드는 함정이 된다.

"명예와 권력은 사용하기에 따라 빛나는 壇上(단상)이 될 수 있고, 스스로 파 놓은 함정이 될 수도 있다."

정직한 돈, 부정한 돈

정직하게 일을 하여 번 돈은 당신의 얼굴에 빛이 나는 얼이 되고, 부정한 방법으로 번 돈은 당신의 얼굴에 더러운 똥물이 된다.

"돈은 가지고 있는 사람이 어떤 사람이냐에 따라 정신이 되고, 똥물이 되고 하는 변화하는 존재다."

初心(초심)

책임의 부합성에 따른 사명감 같은 좋은 뜻의 初心을 잃지 않고 계속 유지해나가려는 마음의 정신을 가진 사람은, 일의 끝맺음까지 완벽하게 잘해 낼 수가 있다. 이는 여러 사람들의 불필요한 간접 피해를 줄여주는 효과가 있다.

"아무리 큰불이 발생하여도 불씨까지 찾아서 불을 끄는 소방관들처럼 하라."

성공한 자는…

사회적인 자기 위치에서 자기가 맡고 있는 직업의 일을 사랑하고, 성취감을 얻고, 행복을 느끼며, 명예와 인격을 지켜나갈 수 있는 사람이다. 경제적인 富(부)를 이룩하여 성공했다는 사람들은 더도 덜도 말고 마음이 넓어져야 한다. 더 이상의 불필요한 돈에 대한 욕심은 자기를 추악하게 만들 뿐이다.

"사람은 多邊化(다변화)할 수 있는 동물이지만 항상 만족하고 살면 착해진다."

인격이 썩는 사람

성공한 사람의 판단기준을 권력과 재물의 富(부)에 두고 있고, 이것을 위하여 마음을 정하고 살아가는 사람들은 자기 인격의 존재 가치가 서서히 썩어가고 있는 중이다.

"재물이란 사람이 살아 있는 동안 빌려 쓰는 것에 지나지 않는다."

무식하면 감정조절이 되지 않는다

어떤 나쁜 일의 돌발적인 상황에서 순간적인 감정의 조절이 되지 않아 감정 폭발을 하는 사람들은 거의 다 무식해서 그런 것이며, 자기의 인생을 망쳐 놓는 어리석은 사람으로 추락하게 된다. 이를 방지하기 위해서는 무조건 참을 줄 아는 忍者(인자)가 되어 있어야 하며, 또 하나는 仁者無敵(인자무적)이라는 이 말을 늘 새기면서 살아가는 방법도 있다.

"사람이 행하여야 할 道理(도리)를 알면 감정조절은 할 수 있다."

큰 죄

배우지도 않고 사회에서 통용되는 필요한 정보를 알려고도 하지 않게 되면, 깨우침의 생각은 더욱 없게 된다. 이는 자기의 인생을 나쁜 운명의 길로 몰고 가는 것이다. 이러한 순리적인 관계는 결국 남에게 피해를 끼치는 형태로 나타나기 때문에 배우지 않음은 사회와 자기에 대한 큰 죄를 짓는 것이나 같다.

"배움이 없는 무식한 인간들의 삶은 먹을 줄만 아는 돼지인생이나 벌레인생이 될 뿐이다."

단순무식한 사람

배워서 잘 아는 사람일지라도 어떤 상황의 일에 대한 생각을 할 때 자기에게 좋은 방향으로만 생각이 치우치는 사람은 단순무식한 사람이 되는 길을 걷고 있는 것이다. 어떤 상황의 일에 대한 생각은 분쟁의 씨앗을 남기지 않아야 하고, 그러기 위해서는 생각을 전방위(여러 각도의 방향)적으로 하여야 한다.

"사람과 사람의 관계는 상호교류이므로 어떤 상황이 발생하면 우선 易地思之(역지사지)할 줄 알아야 한다."

인간이 돼라

어떤 사람이든, 어디에서 무엇으로 어떻게 하였던 간에 사회적인 지위가 높은 위치의 사람이 되어 있다면, 제발 공금횡령 같은 도둑질 좀 하지 말고 우선 먼저 올바른 인간이 돼라. 아래를 내려다보면 당신보다 조건이 안 좋은 사람들이 엄청나게 많이 깔려 있다.

"사회적인 지위가 높으면 잘사는 편인데 도둑질을 한다면 당신의 자식까지 나쁜 놈이 될 수 있다."

인격 돌봄

자기의 인격을 돌본다는 것은 보검의 칼날을 연마한다는 마음으로 정성을 들여 평소에 수시로 인격의 격상을 위해 마음을 수양하고 있어야 한다. 왜냐하면 말 한 마디에도 잘잘못에 따라 인격이 격상되고, 또는 인격이 추락할 수 있기 때문이다.

"인격의 품위는 가식으로 꾸미는 것이 아니며, 스스럼없이 저절로 흘러나와야 하는 것이다. 때문에 보검을 연마하듯 미리미리 마음을 잘 수양해 둬야 된다."

당신의 뒷모습

사람은 마주 보이는 앞모습보다 머물다 간 뒷모습의 여운이 아름다워야 한다. 그리고 어떤 상황의 일이 발생하여 '이게 아니다.' 싶으면 그 자리를 떠나야 하고, 떠날 때는 추한 모습을 보이지 않아야 한다.

"떠나면서 소란스럽게 분쟁을 유발하는 사람은 그 앞길이 적은 물만 흐르는 개골창이 되고 만다."

慈悲(자비)의 혼

大義(대의)에 의한 慈悲의 혼은 다른 사람들을 잘 움직이게 하는 강한 힘이 되는데 자발적인 동기부여에 의한 참가하는 기쁨으로 인하여 진행 중인 일의 성취감을 최고로 높일 수 있게 된다.

"자비의 혼은 부처의 마음과 같은 것이다."

벌레인생

'철이 없는 아이와 같다.' 하는 말은 벌레인생이라는 말과 같은 뜻이 된다. 인생은 무조건 아무렇게나 살아나가는 것이 아닌 것이며, 가치가 있는 삶의 인생으로 살아가야 하는 것이다. 이렇게 살아가는 것이 자기의 인격을 지키고 사회에 보탬이 되는 인생이 되기 때문이다.

"이 세상은 당신의 좋은 활동을 기대하고 있다. 자기인생이라고 맘대로 살다가는 큰 코 다친다."

知天命(지천명)

인위적으로 자연을 훼손하지 말라. 자연적인 인간 본래의 그 모습 그대로 살아라. 서로 사랑하며 살아라. 악마처럼 살지 말라. 하늘같은 높은 뜻을 지니고 살아라. 이것이 하늘의 뜻이며 인간에게 맡기는 하늘의 명령이다. 60세 나이 다 되어도 知天命을 모르고 살아왔다면 인생을 벌레처럼 헛살아온 것이다.

"이래 사나 저래 사나 생각도 별로 없이 살아왔다면 모두 벌레인생이 된다."

밑바닥 인격체

孝心(효심), 良心(양심), 감사하는 마음, 예의범절의 기본덕목. 이 넷 중에서 한 가지만이라도 제대로 갖추지 못하고 있는 사람들은 불량한 사람으로 살아가게 되고, 밑바닥 인격체의 사람이 될 수밖에 없다. 또 이는 악의 순환으로 이어진다.

"인간차별의 대우에 넌더리가 난 사람이라면 대부분 불량한 사람으로 변하게 된다."

잘난 사람

얼굴이 잘 생겼다고 잘난 사람이 되는 것이 아니다. 그리고 사회적으로 높은 위치의 사람이 되었다고 잘난 사람이 되는 것도 아니다. 평범한 보통사람이거나, 사회적인 직위를 가진 사람이거나, 자기와 남을 위하는 삶을 살고 있는 사람들이 정말로 잘난 사람들이다. 잘난 사람이란 이 세상에서 필요로 하는 사람을 말함이다.

"나쁜 짓하지 않고 그냥 평범하게만 살아가도 다들 잘난 사람들이다."

못난 사람

이기심에 의한 악행으로, 또는 상식 밖의 나쁜 행동으로 고의든, 실수든 다른 사람들에게 큰 피해를 주는 사람은 정말 못난 사람이 되는 것이다. 이런 사람은 사회에서 필요 없는 사람이다.

"적당히 못난 사람은 世人(세인)들의 웃음거리가 되고, 진짜 못난 사람은 흉악한 악마가 된다."

돈의 활용

부정한 방법으로 끌어 모은 돈은 자기의 목숨을 위태롭게 하는 것이며,

돈이면 다 되는 줄 아는 벌레인생으로 흐르게 된다. 반면 정직한 일을 하여 번 돈은 자기 얼굴에 얼이 되고, 행복이 되고, 희망이 된다. 자기만을 위해서 쓰는 돈은 가치가 없고, 좋은 목적에 쓰는 돈이나 다수를 위하는 곳에 쓰는 돈은 가치가 있는 것이며, 자기 인격 상승의 기반이 된다.

"돈을 버는 기반이 닦여져 있는, 사업하는 사람들은 돈을 좋은 곳에 많이 써도 오히려 돈을 더 많이 벌게 된다. 이것은 人之常情(인지상정)의 혜택 때문이다."

향기로운 사람

자기를 낮출 줄 알고, 남에게 친절하고, 배려하는 마음이 깊고, 예의범절이 올바르고, 범사에 감사할 줄 알고, 겸손하고, 올바른 사랑을 실천하는 이런 마음들을 잘 유지하고 실천하면서 살아가게 되면 자연히 향기로운 사람으로 변하게 된다.

"사람의 향기는 모든 이들에게 좋은 그리움의 대상이 된다."

인생의 발자취

세상을 살아가면서 인생의 좋은 발자취를 남긴다는 것은 자기의 인격에 대한 존엄이며, 인류 사랑의 기본이며, 소명의식의 완수이며, 세상을 위해 德(덕)을 쌓는 것이다.

"한 가지를 잘하게 되면 열 가지도 다 잘하게 되어 있다."

정신력 상승

도리에 어긋나지 않는 생활방식으로 살아가려면 자연히 올바른 정신이 있어야 하고, 올바른 정신을 유지하고 살려면 마음을 비울 줄 알아야 한다. 그리고 불필요한 욕심은 자제하고, 자기가 하고 있는 일에 잘못됨이 없게 하는 것과, 자기의 능력만큼 대우받고 살 수 있으면 정신력은 저절로 상승하게 된다.

"사리사욕에 찌든 마음의 정신으로는 道(도)의 문 앞에도 가지 못한다."

존경의 대상

생각이 깊고, 언행이 일치하고, 행하고 있는 모든 일에 정성으로 대하고, 지혜로운 마음과 가슴이 따뜻한 사람이면 다른 사람들에게 존경의 대상으로 손색이 없다.

"존경의 대상은 요란한 명성으로 받는 것이 아니고, 훌륭한 인격으로 받는 것이다."

공백의 철학

세상사는 사람이라면 누구든지 간에 잘 살았든, 못 살았든 세월이 흘러가고 나면 텅 빈 공간만 남게 되고, 아무런 잔영의 흔적조차 남지 않는 空(공)한 無(무)가 될 뿐이다. 이것이 공백의 철학이며, 이 속에 무궁무진한 삶의 지혜가 깃들어 있다.

"無는 없다는 뜻이지만, 無 속에서 진리를 찾으면 모든 지혜가 다 들어 있다."

자기 운명의 위치

자기의 높고 낮은 사회적인 지위와 자기의 인격적인 품위의 지위가 합쳐져서 머물게 되는 그 위치가 자기 운명의 위치가 되는 것이다.

"운명은 자기가 좋게 바꾸려고 정성의 공을 들이지 않으면 그 자리에서 굳어져버리게 된다."

감투 쓴 인격

높은 직위의 감투를 쓰는 것은 명예가 되고, 명예는 권력이 되고, 권력의 사용은 인격이 되고, 인격은 마음그릇의 크기로 나타나고, 마음그릇은 생각의 잘잘못에 의하여 커질 수도 있고, 작아질 수도 있다. 때문에 감투를 쓴 인격을 잘 유지하려면 公(공)과 私(사)에 분명하고, 모든 일에 공정해야 한다.

"어리석은 사람들은 감투를 쓰게 되면 기고만장해야 되는 줄 안다."

선생님들 인격

보통사람들의 생각에는 선생님들이라면 그래도 믿을 수 있는 사람들이라고 쉽게 생각하게 된다. 그러나 선생이라고 다 같은 선생은 아니다. 선생 중에는 돈만 밝히는 나쁜 선생과 잘 가르치는 좋은 선생, 제자들의 앞날을 망쳐놓는 못된 선생과 솔선수범하는 훌륭한 선생 그리고 제자들의 가슴에 불을 지피는 위대한 선생이 있다.

"선생들도 영리를 위하는 사람들이지만 돈 벌기 위해서 '선생질'하는 사람이 있고, 사명감에 젖어 가르치는, 선생의 본분을 다하는 선생도 있다."

평등과 재능

인간들이 사는 세상에서 무엇이 평등한지 알 길이 없고, 인간들의 삶에서는 평등함을 외치고 있으나 결코 평등하지 못한 구조로 되어 있다. 사람들마다 재물에 대한 욕심들이 다 다르게 나타나고, 머리 지능지수도 다른데 무엇이 평등하다는 건지 답이 없다. 그리고 재능 있는 사람이 그 재능으로 돈을 버는 입장이라면 사람다워야 인정을 받지만, 사람답지 못하면 가진 재능까지 푸대접의 대상이 된다.

"인간들이 누려야 할 기본권조차 천차만별이다. 너희는 인삼뿌리 먹고, 우리는 칡뿌리 씹어 먹는다."

아름다운 사람이 되려면……

1. 남에게 비난 받지 않는 생활의 태도를 잘 유지하는 사람
2. 자기 자리의 위치를 잘 지키며 남에게 피해를 주지 않고 살아가는 사람
3. 예의와 질서를 지키며 남에게 배려할 줄 아는 사람
4. 당장의 눈앞의 이익을 보게 되면 정의로움을 먼저 생각할 줄 아는 사람

5. 자기 것을 덜어다가 불우한 사람들을 위해서 도와줄 줄 아는 사람

6. 희생정신을 발휘하여 여러 사람들을 이롭게 할 줄 아는 용기가 있는 사람

앞의 범위에 속하는 사람이라면 아름다운 사람이라 할 수 있다.

"명예의 높은 자리에 있다고 하여 아름다운 사람이 되는 것은 아니다. 대의를 위한 몸소 실천하는 사람이 아름다운 사람이 되는 것이다."

德(덕)

덕이란 감출 수 있는 것이 아니어서 있는 그대로 드러나는 것이며, 다른 사람이 눈으로 당신을 보는 것에서 당신이 지닌 덕의 향기가 피어나는 것이다. 덕을 몸에 지니고 있으려면 다른 사람들에 대해서 항상 따뜻하게 포용하는 마음과 겸손한 자세, 자비스런 마음을 잘 유지하고 있어야 한다.

"모든 일에 있어서 항상 정성을 다한다는 마음가짐으로 생활하게 되면 덕은 쌓여 향기가 절로 나게 된다."

D. 영혼

D. 영혼

사람의 영혼

영혼은 사람이 죽어 없어지더라도 소멸되지 않는 존재이며, 사람이 살아 있을 때에는 사람의 몸 안과 밖을 수시 때때로 들락날락하는 것이다. 영혼은 또 눈의 시선으로 바라보는 곳, 또는 생각으로 치달아서 생각이 멈춰 있는 곳에 미리 가 있게 되며, 생각의 깊이에 날개를 달아주는 원천적인 에너지가 된다. 그리고 영혼의 부피가 크게 되면 아주 편한 마음으로 생각을 할 수 있게 되고, 이럴 때 절실한 마음을 영혼에 이어주는 심법을 전개하면 신의 靈感(영감)을 얻을 수 있는 길이 된다.

"당신의 영혼은 당신이 죽게 되면 혼령이라는 神(신)이 된다."

영혼의 부피

영혼은 사람마다 지니고 있는 하늘의 기운이지만, 영혼의 부피는 사람마다 다르다. 일반적인 보통사람들의 영혼은 세상을 살아가는 생활환경 그 주변의 크기만 한 부피의 영혼을 가지고 있는 것이 대부분이고, 어떤 사람은 죽어서나 갈 수 있는 三天大界(삼천대계)까지 도달할 수 있는 대단히 큰 부피의 영혼을 지니고 있다. 신의 존재를 부정하는 사람들은 영혼의 부피가 아주 작게 되고, 신을 겸허하게 숭배하는 사람들과 신과의 영적인 교류가 이루어지고 있는 사람들은 큰 부피의 영혼을 가질 수 있다. 크고 작은 영혼의 부피는 좋고 나쁜 자기의 운명이 결정지어지는 단계가 되는 것이며, 영혼의 부피의 크기는 마음그릇의 크기와 정비례하는 것이다.

"영혼의 부피를 크게 만들려면 자기의 마음그릇을 크게 만들어야 한다."

神(신)의 통제

세상에서 일어나는 모든 것의 일들은 생로병사의 일들을 포함해서 모두 신의 통제 아래에 놓여 있는 것이다. 神(신)의 존재를 믿지 않고 인간들이 하늘 알기를 우습게 알면 온갖 재앙을 만나게 되는 횟수가 점점 많아지게 된다.

"人爲(인위)로 하늘의 뜻이 되는 자연을 훼손하면, 반드시 혹독한 대가를 치르게 된다."

神(신)에 대한 존재 여부

지구상에 존재하는 눈에 보이지 않는 모든 존재의 것들은 사람의 감각기관에 의해서 존재 확인이 되고 있지만, 영혼과 신의 존재는 사람의 감각기관으로 느낄 수 없는 것이기에 일부 사람들은 영혼과 신의 존재를 인정하지 못하고 아예 없다는 투로 치부해버리고 만다. 그러나 사실은 인간사 모든 것들은 신의 통제에 놓여 있는 것이다. 神(신)의 존재 여부를 확실하게 확인하려면, 우선 올바른 정신력에 의한 청정한 마음의 기운으로 느껴보면 영혼과 신이 존재하고 있다는 것을 확실하게 알 수 있다. 이 세상은 신과 결부시키지 않으면 풀리지 않는 문제들이 너무나 많다.

"올바른 정신의 정성으로 간절한 마음을 담아 神에게 기도를 하면 神은 당신이 원하는 길을 열어갈 수 있게 해 준다."

영혼은 당신의 운명

사람의 영혼은 하늘의 氣運(기운)이기에 신성하게 생각하며 잘 간직하고 있어야 한다. 자기의 영혼을 정성으로 정갈하게 잘 간직하고 세상을 살아가는 사람은 神(신)의 보호를 받는 좋은 운명으로 살아가게 되고, 영혼을 정갈하게 간직하지 못하고 세상을 살아가는 사람들은 새옹지마의 덫에 걸린 나쁜 운명으로 살아가게 된다. 영혼은 하늘의 기운이라서 다른 사람의 마음에 붙어 지내는 존재가 되기도 하며, 일상적인 모든 범사에 정성으로 대하는, 신에 대한 보답의 노력 같은 마음가짐으로 영혼을 정갈하게 잘 간직하고 있어야 한다.

"좋은 운명은 매일매일 좋은 하루가 되어 행복한 삶을 살 수 있게 된다."

마음과 영혼

우리 몸 안에서만 존재하는 마음은 생각이 가는 곳으로 따라가고, 영혼이 붙으면 함께 어우러지는 존재이다. 영혼은 우리 몸의 안과 밖을 수시로 들락날락하는 것이며, 다른 사람의 마음속에 붙어버리는 존재이기도 하다. 마음을 몸 밖으로 잠시 내어 보내려면 특별한 심법을 전개하면 가능하지만, 이는 아무나 할 수 없다. 모든 범사와 神(신)에 대한 긍정적인 정직함으로 무장이 된 마음이어야 심법을 사용할 수 있다. 마음과 영혼이 몸 밖에서 함께 결합되면 비로소 신의 영감을 얻을 수 있는 길이 된다. 사람이 죽게 되면 영혼은 하늘의 기운이 되어 떠돌게 되며, 죽은 사람을 생각하는 다른 사람이 있다면 그 영혼을 생각하는 사람의 마음에 붙어버리게 된다. 그래서 세상을 사는 산 사람들은 마음속에 인연이 있는 산 사람들의 영혼과 죽어 없어진 많은 사람들의 영혼을 가슴속에 지니고 살아가게 되는 것이다. 그 영혼들이 착하고 좋은 영혼이든, 악하고 나쁜 영혼이든 상관없이 가슴에 지니고 산다.

"정갈하지 못한 영혼은 씹다가 버린 껌과 같은 존재가 된다."

좋은 영혼, 나쁜 영혼

영혼은 사람의 마음을 그대로 닮은 형태로 존재하는 것이어서 숭고한 영혼, 착한 영혼, 맑고 깨끗한 영혼, 성스러운 영혼, 사랑스런 영혼, 의로운 영혼, 고상한 영혼, 위대한 영혼, 아름다운 영혼 같은 좋은 영혼들이 있는 반면에, 미운 영혼, 고약한 영혼, 술 취한 영혼, 악한 영혼, 저주의 영혼, 악마의 영혼, 어리석은 영혼, 욕심에 찌든 영혼, 쓰레기 같은 영혼 등의 나쁜 영혼도 있다. 영혼은 취향대로 삶을 살아가는 그 사람의 마음을 대변하는 존재이며, 그리고 나쁜 종류의 영혼들은 생각의 개념에 아무런 도움이 되지 않는 존재일 뿐이다.

"好不好(호불호)의 영혼이 될 당신의 영혼은 당신 마음의 양식을 먹는 존재이다."

靈感(영감)의 망치

神(신)이 내리치는 靈感의 망치를 얻어맞지 않으면 그 어떤 사물 앞에서도 깨달음은 없게 되고, 가슴에 느낌표도 없게 되며, 죽는 순간까지 나쁜 운명으로 살아갈 수밖에 없다.

"감성, 이해, 정신, 생각, 마음, 영혼까지 모두를 올바르게 갖춘 사람이면 神이 내리치는 영감의 망치를 두드려 맞는 횟수가 많아지게 된다."

영혼의 노래

거울 같은 수면의 연못 위를 제비가 날아가면 제비의 그림자는 연못 속에 빠져들지만, 제비는 연못 속에 자취를 남길 뜻이 없다 하고, 연못은 제비의 그림자를 받아들일 뜻이 없다 하네.

"태초의 고요함 속에 시간은 아무런 의미가 없는 것이다."

* 제비는 멈추어지지 않는 시간을 말함이요, 연못은 변하지 않는 고요함을 말하는 것이다. 자기 운명의 제 갈 길을 스스로 잘 알아서 가라는 뜻으로 이해하면 됨.

영혼의 존재

사람은 죽어도 영혼은 소멸되지 않고 영원히 살아 있는 존재이며, 영혼은 원초적인 생각 에너지의 발원지이다. 그리고 마음과 영혼이 교감을 하게 되면 신의 영감을 얻을 수 있게 된다. 신의 영감을 얻는다는 것은 이루지 못할 일도 의외로 쉽게 이루어지게 되는 혜택의 결과로 이어진다.

"사람이 살아 있으면 영혼으로 존재하고, 사람이 죽으면 혼령이라는 神(신)이 된다."

영혼의 양식

사람이 세월 따라 나이가 많아져도 영혼이 함께 성장하는 것은 아니다. 고난과 역경의 가혹한 시련을 인내하고 마음에서 비롯되는 정신력의 깊은 생각에 의한 통찰의 시간이 많을수록 영혼이 크게 성장할 수 있는 양식이 되는 것이다. 그리고 좋은 영혼은 좋은 인성의 마음에서 출발한 정신력에 의해 형성되어진다.

"영혼이 먹는 양식은 마음에서 기인되는 올바른 정신의 정성을 먹고 커나간다."

좋은 영혼

좋은 영혼, 맑은 영혼, 아름다운 영혼 등 유익한 자기의 영혼을 만들기 위한 정신력을 담은 노력이 있어도 영혼은 사람이 통제할 수 있는 존재가 아니다. 사람이 통제할 수 없는 영혼인 만큼 나쁜 영혼을 만들지 않고 좋은 영혼으로 키우려면, 당신이 하는 모든 일에 정성어린 마음으로 임하라.

"좋은 영혼은 올바른 사람의 진심어린 정성을 먹어야 감동을 하게 된다."

참된 영혼

참된 영혼을 지니고 있는 사람의 마음은 깊고 고요하다. 한순간의 생각이 있게 되면 찰나의 짧은 순간에도 참된 영혼은 하늘 끝까지 갈 수 있게 된다.

"생각 변화의 시간적인 속도는 빛보다 훨씬 빠르다. 당신의 생각이 미치는 곳에 영혼은 이미 거기에 가 있는 것이다."

영혼의 활동시간

사람이 활동하고 있다고 하여 영혼도 따라서 활동하는 것이 아니다. 올바른 정신력으로 마음과 영혼을 이어줘야 영혼이 활동하게 되는 것이다. 이 과정이 어렵지만 꾸준한 마음수련을 통하여 정신력을 키우게 되면 마음과 영혼을 수시로 이어줄 수 있게 되고, 이렇게 되면 영혼은 활발하게 활동을 하게 된다. 영혼은 고요함 속에서 활동하는 존재라서 주로 새벽 시간이 활동하기 좋은 시간이 된다.

"고요함 속에서 활동을 하는 영혼은 당신의 마음을 성장시켜 주는 활동을 한다."

자기 영혼을 정갈하게

자기의 영혼을 정갈하게 유지할 수 없는 사람들은 하늘을 봐도 하늘을 알 수 없다. 영혼을 정갈하게 잘 유지하는 올바른 정신력을 가진 사람들이 영혼을 통하여 얻는 神(신)의 영감은 하늘의 기운을 받아서 얻어지는 것이다.

"神과 영혼을 결부시키지 않으면 풀리지 않는 수수께끼 같은 문제들이 많이 있다."

神(신)은 인간에게

神은 우리 인간에게 착하게 살고 그리고 조용하게 살라 하신다. 그리고 또 영혼을 소중하게 여기고 정갈하게 유지하라고 하신다. 그리고 또 神은 진실로 神을 믿고 있는 사람들의 희망에 대한 출발을 지켜보며 보이지 않는 곳보다 더 멀리 갈 수 있는 용기와 자신감을 갖게 해 준다.

"이 세상은 神의 통제 아래 놓여 있다. 사람이 세상을 지배하고 있다고 신의 존재를 부정하면 신은 어떠한 형태로든 당신에게 벌을 주게 된다."

無言(무언)의 가르침

눈으로 보고, 귀로 듣고 배운 가르침은 머리에 쌓이고, 마음으로 깨닫는 無言의 가르침은 가슴에 쌓인다. 無言의 가르침은 행복 속에서도 존재하고, 절망 속에서도 존재한다. 無言의 가르침은 자기 영혼이 성장하는 양식이 되는 것이며, 神(신)의 靈感(영감)을 얻어서 배우고 깨달음의 경지로 가는 길이 된다.

"무언의 가르침은 가슴으로 느끼고 스스로 깨달아서 배워야 하는 것이다."

창의력

상상이 현실이 되는 기이한 현상들의 발명 같은 창의력은 인간의 영혼이 신과의 교감에서 얻을 수 있는 神(신)의 영감에서 비롯되는 것이기에 가능하게 되는 것이다. 神과 교감을 하려면 영혼이 정갈해야 되고, 영혼이 정갈하려면 정신이 맑고, 마음이 투명해야 하고, 정성이 깃들어야 한다.

"창의력의 발상이 인간의 두뇌에서 생성되겠지만 모든 창의력의 근본은 神이 사람에게 건네주는 것이다."

神(신)과 영혼

사람이 어떤 행동을 취함으로써 좋은 결과로 이어졌다면 이는 神이 당신을 도운 것이요, 좋지 않은 생각에 의한 행동으로 인하여 나쁜 결과로 이어졌다면 당신의 영혼은 나쁜 영혼이거나 병들어 있는 영혼이다. 좋은 생각의 진행은 좋은 영혼을 만들고, 나쁜 생각의 진행은 나쁜 영혼을 만든다.

"나쁜 영혼은 당신을 나쁜 사람으로 변하게 한다."

德(덕) 쌓기

德이나 공덕을 쌓는 정성은 罪(죄)의 업보를 지우기 위한 神(신)에 대한 간절함이며, 자기의 영혼을 하늘까지 닿게 하기 위한 단계에 해당하는 것이다. 德은 겸손한 마음의 자세에서 나오는 것으로 내면에 쌓는 것이요, 공덕은 재물을 바침으로써 외면으로 쌓아나가는 것인데 덕이나 공덕이나 많이 쌓아야 神이 감동을 하게 된다.

"영혼이 병들어 있는 사람들은 덕이나 공덕을 쌓을 줄 모르며, 돼지처럼 살게 된다."

영혼의 居處(거처)

당신의 영혼은 항상 당신 곁에 붙어 있는 존재가 되지만 당신이 눈으로 바라보는 곳, 생각으로 달려서 생각이 멈추어 있는 곳에 당신의 영혼은 이미 그곳에 가 있게 된다. 영혼은 하늘의 기운이어서 당신이 움직이는 그 어떤 곳이라도 당신 곁에 항상 머물고 있다.

"영혼이 머물러 있는 것과 활동하는 것은 당신의 운명을 결정하는 문제가 되는 것이다."

천사

천사는 멀리 있는 것이 아니고 당신의 가슴속에서 잠을 자고 있었을 뿐이다. 가슴을 활짝 열어 천사를 깨워 천사와 대화하라. 천사는 당신이 원하고 있는 희망의 끈을 이어주는 역할을 하는 존재이다.

"천사는 하늘에서 날갯짓으로 당신에게 날아가는 존재가 아니다."

편견 없는 中正(중정)

中正의 마음은 마주하고 있는 다른 사람의 얼굴 인상 또는 행동이 곱거나, 아름답거나, 나쁘거나, 험상궂거나 상관없이 편안한 마음으로 상대할 수 있게 하는 힘이 되는 것이다. 이는 神(신)과 함께 한다는 바른 마음의 양식을 먹은 당신의 영혼 때문에 편견이 없는 중정의 마음이 가능하게 된다.

"아침, 저녁 마음이 다르게 작용하는 사람은 중정의 마음을 가질 수 없다."

영혼을 춤추게 하라

집착으로 더러워진 私心(사심)은 영혼을 갉아먹는 행위이고, 자기의 이익을 남을 위해 쓰는 헌신하는 마음은 영혼을 빛나게 하는 행위이다. 그렇기 때문에 자기와 더불어서 남이 함께 잘되는 길을 여는 지혜를 제공하는 행위는 영혼을 춤추게 한다.

"영혼은 무상무체의 존재이지만, 마음에 의해 하늘에 오를 수도 있고,

땅속에 묻히기도 하는 존재이다."

잘 묵힌 눈빛

오랜 세월동안 정성스럽고 영혼을 정갈하게 잘 유지해 온 그 정신이 잘 익어 묵혀있는 눈빛은 찰나의 순간에 매의 발톱처럼 날카롭다.

"정갈한 영혼을 지닌 눈빛은 神(신)의 눈빛과 같은 것이다."

神(신)의 감탄

神이 당신에게 감탄하는 순간은, 어떠한 절망 속에서도 삶에 대한 강한 믿음의 끈을 놓지 않고 있을 때이다.

"그냥 살기 위해서 발버둥치는 행동은 神이 받아들이지 않는다. 강한 믿음의 소망이 있을 때 神이 응답한다."

귀한 재산

義人(의인)과 영웅은 평범한 보통사람들의 귀한 재산이 되고, 억만금의 많은 재물보다 더 귀한 재산은 당신이 지니고 있는 깨끗한 맑은 영혼이다.

"재물보다 인격이 우선이다. 재물이 아무리 많아도 죽고 나면 아무 소용이 없는 것이다."

자아소멸 마음수련

기대어 앉거나, 가부좌의 자세로 앉아있거나, 편안한 자세로 앉아서 목불석이 되어 눈을 지그시 감고 아무 생각이 없이 우주공간으로 날아가는 마음으로 있다 보면 서서히 사물이나 사람의 잔영이나 생각 같은 것이 없어지고, 寂滅(적멸)의 경지에 도달하게 된다. 이 상태가 자아소멸상태가 되는 것이며, 영혼이 성장할 수 있는 활동시간이 되기도 하는 것이다. 이것의 마음수련법은 단시간에 이루어질 수 있는 것이 아니어서 꾸준하게 시도하는 훈련이 반복되어야 가능해지고, 반드시 숨 쉬는 호흡조절과 함께 이뤄져야 한다. 그냥 생각에만 전념하다 보면 어느 순간에 졸게 된다.

"자아소멸 마음수련은 정신의 때를 벗겨내는 '정신의 목욕탕'이다."

自我(자아)의 의미

'나'와 '자아'는 같은 말이지만 의미는 다르게 작용한다. '나'라고 하는 것은 다른 사람과의 관계에서 대두되는 호칭에 불과하고, 혼자만의 '나'라고 하는 것은 의미가 없는 자연의 풍광에 버티고 선 나무 한 그루나 다름 아니다. '자아'라는 의미는 자연의 일부분에 해당하는 것이며, 자아의 실체는 몸이 아니고 마음인 것이다. 이 마음의 뿌리가 본래는 하늘의 기운에서 뻗어 내린 사랑이라는 존재의 자체, 이것이 自我이다.

"'나'라는 것은 자기의 몸을 말하는 것이고, '자아'라는 것은 자기 마음의 실체를 말함이다."

아름다운 죄의식

희유한 그리움 같은 아름다운 죄의식은 자기 능력의 부재로 인해 다하지 못하는 자기 책임감에 대한 감성의 눈물 같은 죄의식을 말하는 것으로, 인간적인 情(정)이 뚝뚝 흘러넘치는 사람이 되어 그 어떤 사람을 대하더라도 자기를 항상 낮추게 되고, 맑은 영혼이 살아 숨 쉬는 인간 본래의 모습이며, 자기의 영혼에 깨끗한 옷을 입히는 성스러운 마음을 지니고 살아가게 되는 것이다.

"아름다운 죄의식을 느껴보지 못한 사람들은 자기의 영혼에 깨끗한 옷을 입혀 줄 수가 없다."

E. 意識(의식)의 전환

E. 意識(의식)의 전환

주인의식

올바른 주인의식이 있는 사람들은 자기인생을 당당하게 살아갈 수 있으며, 다른 사람들과 더불어서 사는 길을 열고, 밝은 사회를 지향하는, 사랑하는 마음이 있게 된다. 올바른 주인의식이라 함은 내 것이나, 남의 것이나, 공동사용의 것이나, 나라의 것이나 모두 다 내 것처럼 소중하게 여길 줄 아는 마음의 의식이다. 하여 주인의식이 올바르지 못한 사람들은 어떤 사물에 대한 자기의 견해를 올바르게 피력할 수 없게 되며, 오로지 2분법적인 논리에 적응이 된 나의 것, 너의 것, 이런 마음의 의식이 남아 있다. 이러한 의식의 폐해성은 이기주의 성향에 의하여 다른 사람들과 상생의 미덕을 발휘할 수 없게 된다. '이것은 내 것이다.' 하는 주장은 주인의식이 아니라 단지 소유권 주장일 뿐이다.

"올바른 주인의식의 고취는 서로가 서로에게 힘이 되고, 행복이자 희망의 길이 된다."

기본의식

마음속에 사람이 지녀야 할 덕목의 기본의식이 없는 사람들은 아무리 잘 배우고 높은 직책의 직위를 가지고 富(부)를 이루고 살지라도 살아가는 모습의 인간성은 질이 나쁜 생활을 하게 되고, 저질 인생으로밖에 살수 없다.

"덕목의 기본의식에는 사랑과 배려, 질서와 양심, 책임과 의무, 감사와 용서, 예의와 체면, 절약과 화합, 정의와 나눔의 실천 등등이 있는데, 마음이 올바르면 저절로 다 할 수 있게 된다."

어른의 의식

세상을 당당하게 살 수 있는 어른의 조건이 되는 올바른 의식을 갖고 살아가기 위해서는 항상 책을 가까이 하고, 양심을 지키고, 명상을 통한 마음수양이 필요하다. 나이만 먹는다고 어른이라고 할 수는 없는 것이다. 생각이 부족하면 어린 아이와 같기 때문이다. 하여 어른의 존재로 인정받고 싶다면 그 어떠한 심리적인 갈등에도 발버둥치지 않고, 의젓한 내면으로 잠기며, 꿋꿋한 마음을 잘 유지하여 스스로의 심리를 조절할 줄 아는 심적인 능력을 갖고 있어야 비로소 어른이라 할 수 있다.

"어른은, 손위 사람들이 당신을 어른으로 여길 줄 알아야 어른으로 행세할 수 있는 것이다."

* 발버둥 : 상식의 범위를 벗어난 과잉 표현
* 의젓한 내면 : 의젓하게 대처해 나갈 수 있는 마음의 능력
* 꿋꿋한 마음 : 한마음 같이 마음에 동요가 없는 상태의 마음가짐

세상의 주인

당신이 이 세상의 주인이다. 당신의 능력이 출중한다면 잘못된 세상의 기틀도 바꿀 수가 있다. 이를 위한 노력에는 반드시 올바른 정신의 자기 주관을 가지고 있어야 하며, 모든 사물에 대해서 바로 볼 줄 아는 마음의 눈을 지니고 있어야 한다. 또 이를 위해서는 올바른 정신으로 생각을 깊이 있게 하는 습관이 들어야 하며, 마음수련을 통한 마음의 수양이 있어야 한다.

"올바른 정신의 의식이 없는 사람들은 세상의 주인이 될 수 없다."

神(신)은 있다

'神은 없다.'고 고집스럽게 알고 있는 사람들한테 神은 절대로 존재하지 않는다. 이 자체가 정신이 비뚤어져 있다는 증거가 되며, 세상의 이치를 알지 못하는 함정이 된다. 이런 사람들은 자기 스스로 신의 존재를 알기 전까지는 그 어떠한 神의 영감도 얻지 못하게 되며, 새옹지마의 덫에 걸린 좋지 못한 나쁜 운명의 생활이 되는 삶만 이어지게 되고, 그 어떠한 경우의 상황에서도 神의 보호를 받을 수 없는 처지에 놓이게 된다.

"지나간 세월을 후회하지 않으려면 '신은 있다.' 이렇게 인정하고 살아가야 한다."

인생가치관

사람들마다 지향하는 자기 인생의 가치관은 각기 다르게 표현하면서 자기에게 맞는 생활로 인생을 살아가겠지만, 목표를 두고 살아가는 인생이라면 의미의 비중이 큰 인생가치관을 마음에 담아서 살아갈 줄 알아야 한다.

"인생가치관도 없이 살아가는 사람들은 오로지 쾌락만을 쫓아 살아간다."

召命意識(소명의식)

소명의식을 자기 가슴에 새기고 세상을 살아가는 사람이라면 자기의 언행에 항상 신중할 수밖에 없고, 밝은 빛의 희망을 안고 살아가는 자세가 나오고, 다른 사람들을 위하는, 배려하는 마음도 가질 수 있고, 스스로 자존감을 높이며 살아간다.

"소명의식 한 개 정도는 이루어 놓고 살아가야 세상에 진 빚을 갚는 삶이 된다."

만남과 이별

만남과 이별에 집착이 없는 의연한 마음으로 세상을 살아가면서, 오는 사람 막지 않고, 가는 사람 잡지 않고, 오가는 사람들에게 심리적인 압박감을 주지 않고 인생을 살아가게 되면 情(정) 때문에 울어야 하는 일이 없게 되며, 중정의 평정심을 유지할 수 있게 된다. 또 나쁜 사람과의 고약한 악연은 발생할 수가 없게 되며, 마음은 항상 여유로움으로 편안하게 유지할 수 있어 스스로의 철학을 규정할 수 있는 철칙이 생기게 된다.

"천상천하유아독존, 자기 스스로 존귀한 존재가 되려면, 사람들 간에 이리저리 치우치는 끈끈한 情에 얽매이지 않아야 한다."

주관의식

올바른 주관의식을 가지려고 한다면 많은 생각의 소용돌이에 휘말려 깊은 나락으로 침잠해 들어가야 가능하다. 올바른 주관의식을 고취하게 되면, 어떤 객관성에 대한 附和雷同(부화뇌동)으로 인한 군중심리에서 벗어날 수 있는데, 이는 불필요한 사회악에서 벗어나는 길이 되고, 스스로의 힘으로 세상을 당당하게 살아갈 수 있는 바탕의 길이 된다. 그리고 냉철한 생각의 주관의식은 사회에 대한 따뜻한 포용심이 된다.

"올바른 주관의식의 확립이 올바른 마음을 갖게 하고 사회에 보탬이 되게 한다."

진리

진리라는 것은 거울에 비춰지는 당신의 모습과 같은 것이다. 당신이 거기에 없다면 그 거울에 당신은 비춰지지 않으며, 거기에 당신이 있어서 거울 속에 당신의 모습이 들어가 있다 하여도 그 거울은 깨어지지 않는다. 즉, 달이 호수 안에 잠겨 있어도 달은 물에 젖지 않는다. 이게 진리이다. 몸소 깨달은 진리는 당신의 몸과 같은 동일한 조건의 존재가 되고, 당신의 날개가 되어 마음이 성장하고, 마음은 한층 자유로워지게 된다.

"당신이 머물다가 떠난 자리, 거기에 당신이 있을 리가 없지만 어느 누군가는 당신을 생각하는 사람이 있다."

헛된 인생

삶에 대한 아무런 가치와 의미를 모르고 인생을 살아가는 사람들은 인생의 삶을 잘못 살아가고 있는 것이며, 이는 벌레인생과 하등 다를 바가 없는 헛된 인생이 된다.

"사람으로 태어났으면 제발 좀 사람답게 살다가 가라."

진정한 스승

살면서 만나게 될 수도 있는 그 어떤 훌륭한 스승이 있다 하여도 자기를 깨우치게 할 수 있는 진정한 스승은 자기 마음속에 있다.

"당신 마음속에는 무엇이든지 할 수 있는 능력이 있다."

자기사랑

자기가 자기를 사랑하는 것과 사랑하지 않는 것의 차이는 원동력이 있는 보트에 올라타느냐, 아니면 동력이 없는 썩어가는 뗏목을 타느냐의 차이와 같다.

"진정으로 자기가 자기를 사랑하면, 자기가 하는 모든 일이 순조롭게 풀린다."

변화 주체는 자기

어떤 환경의 조건에 있든 당신이 있는 그 자리에 당신을 있게 한 것은 다른 사람들의 영향을 받았기 때문이지만, 당신의 인격을 변화시키는 주체는 바로 자기 자신이다. 그것이 성공의 삶이 되든, 실패의 삶이 되든 상관없이 자기 책임인 것이다.

"가장 비겁한 짓거리는 자기 책임을 남에게 미루는 짓이다."

人性(인성)의 의식

자기의 인성은 본래 타고난 天性(천성)이므로 교육을 받든, 특수한 요법을 받든 나쁜 인성의 사람들은 좋은 인성으로 바꾸기 어렵게 되어 있다. 왜냐하면 천성은 회귀성이 강해서 시간이 지나면 본래의 천성으로 다시 돌아가기 때문이다. 나쁜 인성의 사람들은 자기 생활의 철저한 반성을 통해서, 또는 인간에게 준 神(신)의 선물인 사랑을 스스로의 깨달음을 통해서만 좋은 인성을 오래도록 유지할 수 있게 된다.

"자기반성을 수시로 하라. 그러다가 깨달음이 오면 나쁜 인성을 바꿀 수 있다."

사랑의 의식

사랑은 여러 종류의 갖가지 형태로 춤을 추고 있지만, 이 중에서 단 한 가지라도 사랑의 춤을 따라하지 못하는 사람들이 있다. 이런 사람들의 의식은 남녀 이성간의 애정행위가 사랑의 전부인 줄 알고 있을 뿐이다. 이런 애정의 생활을 위하여 참된 사랑의 의식이 없는 남자나 여자는 오로지 돈만 많으면 그것이 최고의 행복인 줄 알고 세상을 살아가는데, 이는 잘 못된 의식을 가지고 살아가고 있는 것이다.

"진정한 사랑을 모르면, 남녀 애정의 사랑도 위태롭고 위험한 사랑이 된다."

神(신)의 보호

神의 보호를 받을 수 있는 사람들은 모두 다 하나 같이 올바른 意識(의 식)의 정신을 가지고 살아가는 사람으로 존재하고 있어야 가능하다. 왜냐 하면 인간의 청명하고 뚜렷한 정신력은 神과 소통할 수 있는 인간의 機關 (기관)이 되기 때문이다.

"정신이 올바르지 못하면 神과 소통할 수 없고 당연히 보호받을 수도 없게 된다."

철없는 어른

철이 없는 어른들은 올바른 의식을 가지고 있는 사람이 단 한 사람도 없다. 이런 사람들에게는 순박한 어린 아이들의 언행으로 교육을 먼저 받 아야 한다. 왜냐하면 '순박함'에 대한 이 말에 대한 뜻도 모르고 있기 때문 이다.

"자연은 철따라 변하는데 사람이 나이에 맞게 변하지 않음은 순박함을 모르기 때문이며, 순박함은 지혜를 실은 버스와 같다."

일 종료

필요한 일에 대해서 시작은 아무나 할 수 있겠지만 일 종료에 대한 끝맺음의 처리는 사람마다 다를 수 있다. 그러나 분명한 것은 일 마침의 종료에 대한 끝맺음의 처리를 완벽하게 하는 사람들은 사회적인 자기 책임의식이 아주 강한 사람들이다.

"자기 책임감이 강한 사람만이 유종의 미를 거둘 수 있다."

목표 달성의 의식

어떤 목표를 설정하고, 노력하고, 달성하고 하는 과정의 인생이라면, 자기 인격 상승의 비중에 중심을 두는 옳은 정신을 가지고 있어야 한다. 무엇을 행하고, 무엇이 되고, 무엇을 얻고 하는 성취감과 상실감 사이에는 정신의식의 차이가 판가름을 하기 때문이다.

"정신의식이 옳지 못한 사람은 목표가 무엇이든 모두 개밥나물이다."

너 자신을 알라

소크라테스의 '너 자신을 알라.' 하는 말은 인간 본래의 참 뜻을 잘 알고 인생을 아름답고 곱게 그리고 서로 사랑하고, 이해하고, 화합하고, 좋은 마음으로 아무 탈 없이 살라는 말이다.

"너의 본래는 사람이지 돼지가 아니다."

물어서 아는 지혜

모르는 것에 대한 궁금함을 물어서 아는 것은 지혜이고, 몰랐던 것에 대한 앎은 마음이 시원한 바람을 맞는 격이다. 잘 알지도 못하면서 행하는 것과 모르는 것에 대한 궁금함을 풀지 않고 사는 사람들은 어리석음이며, 눈을 가리고 걸어가는 격이다.

"당신이 가는 그 길에 함정의 구덩이가 있는지, 없는지 알아야 걸어갈 수 있다."

자기 자리

사회인이 되어 직업에 의한 자기 자리를 잘 지키는 의식을 가지고 있는 사람들은 지혜로운 사람들이며, 사회에 필요한 인력이 되고, 사회적인 간접비용을 절감하게 하고, 자기의 자리를 이탈하는 행위를 하지 않게 되는 지혜를 소중하게 여긴다. 그러나 자기 자리를 잘 지키지 못하는 사람들은 지혜가 없는 어리석은 사람들이며, 다른 사람에게도 피해를 끼치게 되는 존재가 되며, 사회적인 간접비용이 불어나게 하는 원인의 사람으로 존재할 수 있다.

"당신의 자리를 지키지 못할 것 같으면 그 자리에 있지 마라. 그게 도와주는 거다."

진정한 부자

모아 놓은 재물이 많든, 적든 상관없이 항상 만족하며 살고 행복하게 웃으면서 살아가는 사람들이 진정한 부자이다. 자린고비 사람들의 재물은 억만금이 있어도 소용이 없지만 마음이 어진 부자의 많은 재물은 이런저런 나눔의 실천으로 이어지는 길로 가게 되고, 밝은 사회를 지향하는 밝은 등불이 되는 것이며, 존경받는 진정한 부자로 남아 있게 된다. 그리고 재물의 부자보다는 마음의 부자가 더 진정한 부자가 된다. 모든 것은 마음이 실체의 주인이니까 그렇다.

"돈만 바라보고 돈만 쫓아 사는 돈의 노예는 되지 말라."

종교 믿음

교회에 열심히 잘 다니는 사람이더라도 종교의 믿음에 대한 의식을 제대로 알지 못하는 사람들이 수두룩하게 많다. 성경의 말씀들은 이상주의의 철학이나 다름이 없다. 이상주의의 외침은 천년이 흘러도 빈산에 울리는 메아리와 같은 것이다. 이러한 실정에서 자기들 사는 것에 대한 위안을 얼마나 받을지도 불확실하고, 자칫하면 패가망신할 수도 있다. 교회 목사는 신이 아니라 이권을 목표로 하는 직업인이기 때문이다.

"목사가 '하나님의 부역자'라고 소리치면, 지나가는 개가 웃고 간다."

"개신교의 이단교회는 성도들의 고혈을 빨아먹는 괴물집단이다."

시간가치

시간의 가치를 최대치로 높이려고 한다면 잘 짜인 목표를 향하여 부단히 노력을 하는 길밖에 없다. '1차 목표의 성공은 2차 목표의 출발이 되고, 2차 목표의 성공은 3차 목표의 출발이 되고' 하는 이런 순서를 최대한 앞당길 수 있는 길은 어쨌든 부단한 노력 이외는 답이 없다. 이렇게 세월을 지나고 보면 그만큼 당신의 시간가치는 위대한 시간이 되어 있다.

"재벌기업 회장들을 보면 답이 나와 있다."

선견지명

사람이라면 어느 누구나 자기의 앞길에 대해서 알고 싶어 하는 마음들이 있다. 그러나 사람들은 예정된 자기 운명의 길을 살아가고 있으면서도 불안한 마음으로 살아가는 사람들이 많다. 이러한 것에서 벗어날 수 있는 방법은 선견지명이 있는 마음의 눈을 가질 필요가 있다는 것이다. 선견지명을 갖기 위해서는 마음수련을 통한 마음의 수양이 있어야 하며, 많은 이해의 느낌표와 포용력 있는 따뜻한 감성의 사람으로 변해 있어야 가능하다.

"나무열매를 먹고 싶으면 나무에 올라가서 따라."

가슴에 불을

성취의 좋은 성과를 기대한다면 우선 그대의 가슴에 희망의 불을 지펴라.

"희망의 불은 풍선 속의 압축공기와 같다. 풍선꼭지를 열기만 하면 풍선은 날아간다."

비교의 의식

자기의 처지를 다른 사람들과 비교하지 말라. 비교의 차이에서 오는 마음의 행보는 자만심과 교만함, 또는 자괴감과 불평 같은 좋지 않는 감정들만 쌓이게 된다. 비교의 대상에 빠져든 마음은 불행의 시작을 알리는 신호탄이 되지만, 자기 생활에 의한 자기 목적에 맞는 삶에 충실하면 행복의 시간이 된다.

"사촌이 땅을 사면 배 아파하는 어리석은 못난 사람은 되지 말라."

행복, 성공

성공의 길이 행복의 수단이 될 수는 없는 것이지만, 행복의 길은 성공의 길로 갈 수 있는 조건이 된다. 행복의 길은 얼굴에 피는 조용한 미소의 웃음과 같은 것이요, 성공의 길은 기쁨과 즐거움이 있는 뜰과 같다.

"행복이든, 성공이든 둘 다 안 좋아하는 사람은 아무도 없다. 시작은 행복부터."

마음 성장의 길

어려운 일을 많이 접할수록, 고난과 역경이 많을수록 당신 내면의 정신세계는 그만큼 더 성장할 수 있다. 편안함만을 쫓아 살게 되면 정신은 서서히 병들어 가게 된다.

"삶 자체가 불편함이지만 고생을 많이 한 사람들은 어떤 환경이든 거뜬히 헤쳐 나갈 수 있는 강한 정신력이 있다."

당신의 날개

어떤 부분의 어떤 상황에서라도 잘 헤쳐 나가기 위한 지혜의 날개는 자기 속에서 돋아나온 지혜의 날개로 날아야 자유자재로 날 수 있게 된다.

"다른 사람의 등에 업혀가면서 이익을 보려고 하는 사람은 되지 말라."

본질의 파악

초라하거나 화려하거나, 좋게 보이는 것이거나 나쁘게 보이는 것이거나 외형과 규모에 현혹되지 말고 사물을 대할 때는 '본질이 무엇인가?' 하는 마음으로 바라보고 파악할 줄 아는 사람이 되어 있어야 한다.

"생각이 깊으면 심기가 깊어지고, 심기가 깊으면 꿰뚫어 보는 눈이 생긴다."

自尊感(자존감)

당신의 自尊感을 높이려고 하겠다면, 사회적인 자기 직위의 자리가 빛날 수 있도록 기술적인 전문성을 가지고 있어야 한다. 전문성에 의한 신속한 일처리는 당신의 위상을 올리는 계기가 되며, 자존감을 높게 유지할 수 있는 바탕이 된다. 안이한 思考(사고)의 나태함은 자존감의 상실로 이어지고, 불의의 事故(사고)를 유발하는 요인이 된다.

"자존감이 나쁘게 변질되면 교만스런 자만심으로 바뀐다."

사물 접근법

사물을 제대로 알아보기 위해서는 눈에 보이는 부분에서만 치우치지 말고, 시야를 넓게 가지고, 생각은 큰 틀에서부터 시작해야 한다.

"나무만 보지 말고 숲도 볼 줄 알아야 한다."

너와 나의 개념

너와 나라는 존재가 다르다는 것으로 알게 되면 마음에 욕심이 발생하고, 너와 나라는 존재가 우리 혹은 하나라는 것으로 알게 되면 배려하는 마음과 상생을 위한 미덕이 발생한다.

"인본주의를 원하는 사람이라면 상대를 존중하는 의미에서 '나와 너'라는 말을 '너와 나'라는 표현으로 바꿔 써야 한다."

듣기 개념

많이 듣고 또 들어라. 그리하면 귀도 열리고, 마음도 열리고, 세상을 보는 눈도 달라진다. 자기 잘난 맛에 사는 사람들은 대부분 듣기보다 말하는 것을 좋아한다. 말하기 좋아하는 사람들은 자존심이 유별나서 그런 것이며, 자존심은 다른 사람들에 대한 배려하는 마음을 부족하게 만들기도 한다. 그래서 듣기보다 말하기를 좋아하게 된다.

"듣는 것은 먹을 수 있는 쌀알이고, 말 많은 것은 쌀알 없는 볏짚이다."

희망 갖고 살라

작은 희망 하나만이라도 가슴에 간직하고 인생을 살아가다 보면 보잘 것없는 삶일지라도 당신의 삶은 결코 비루한 인생으로 흐르지 않게 된다.

"희망을 가진 사람은 사는 환경이 어려워도 절대로 비루한 인생으로 가지 않는다."

못난 인생의 사람

못난 인생으로 가게 되는 사람들은 자기에게 있는 행복을 찾지 못한 사람들이며, 자기가 성장할 수 있는 생각의 세상에 발을 들여놓지 못한 사람들이다. 그래서 열정과 의욕 그리고 감성과 사색이 사라져서 못난 인생을 살게 되는 것이다.

"잘사나 못사나 그래도 세상은 당신을 필요로 한다. 생각만 바꾸면 잘하게 된다."

가슴으로 느껴라

두뇌의 지성으로 판단하려하지 말고, 가슴으로 느껴서 이해하는 마음으로 접근하라. 가슴으로 느껴서 가슴으로 말하는 것은 절대 거짓이 없고, 행동에 허위가 없고, 대상의 사물을 제대로 볼 수 있는 기반이 된다.

"모든 지혜와 진실은 머리가 아닌 가슴에서 나온다."

無槪念(무개념)의 사람들

돈이 많은 無槪念의 사람들은 세상에서 자기가 아주 잘난 줄 알고 있으며, 잘못된 부분에 대한 충고의 말을 해줘도 무시하는 경향이 일상에서 자주 드러난다. 지식이 많은 무개념의 사람들은 합법적인 도둑으로 변하기 쉬우니 배우지 아니한 만 못하고, 생활 속에 폐인이 된 사람들은 무개념의 가족들을 두고 있을 것이다. 무개념의 사람들에게 있어서 유일하게 믿고자 하는 것은 돈에 대한 信奉(신봉)이 전부이며, 말을 조심하라는 말을 귀 따갑게 듣고 자기의 목을 찌르는 칼이 된다 하여도 반복되는 말의 실수를 하게 된다. 무개념의 사람들은 마음그릇이 너무 작아서 인간다운 덕목의 기본의식조차도 담아두기 어렵게 된다. 이런 만큼 이들의 인생은 벌레인생으로 흐르게 되는 것이며, 생각의 개념이라는 것은 삶의 인생에 특별한 의미가 부여되지만 이조차도 모르고 살아간다.

"무개념의 사람들은 미개인들보다 격이 낮은 下品(하품)의 질 낮은 사람이 된다."

意識改革(의식개혁)

意識改革을 하겠다는 마음이 없으면 평소의 생각 형태조차 바꾸기 어렵다. 자기의 입지를 격상시키려면 의식개혁을 통해서만 가능한 것인데, '그냥 착하게 살면 되지 뭐.' 하는 마음가짐으로는 사람이 변할 수 없다. 따라서 의식개혁은 요원할 수밖에 없다. 올바른 의식의 고취는 남들과 더불어서 사는 미덕이 발생하게 되고, 사랑의 실천으로 이어지고, 자기의 입지를 격상시키는 힘이 되고, 불의한 일에 노출되지 않는 좋은 운명으로 살아갈 수 있게 한다.

"사람이라면 올바른 의식으로 살아가야 복도 받고, 잠도 잘 자게 된다."

노예인생

짧은 인생을 살다 가더라도 부처 같은 마음으로 매일 매일을 즐거운 마음으로 살면서 여유 있는 마음으로 정신이 성성하게 깨어 있어야 온전한 자기 인생이 된다. 부자나, 빈자나 마음의 여유도 없이 돈만 좇아 살게 되면, 다른 사람의 인생을 대신 살아주게 되는 노예인생이나 다름없다.

"산더미 같은 돈 속에 파묻혀 죽는다고 하여 시체가 썩지 않는 것은 아니다."

사람다운 인생

사람이 지녀야 할 德目(덕목)의 기본의식을 잘 행하고, 상식에서 어긋나지 않는 행동과 세상을 아름답게 볼 줄 알며, 사회의 가식적인 틀에 매인 생활 속에서 벗어나 자기 내면의 실리적인 생활을 잘 영위해 가는 것이 세상의 주인으로 살아가는 것이 되고, 가슴을 적시는 감성의 축적으로 이 세상을 살아간다면 이것이 사람다운 인생이 되는 것이다.

"자기가 원하는 방향의 생활을 하다 보면, 상식을 벗어나는 생활이 발생할 수도 있다. 이를 경계할 줄 알아야 한다."

두려움의 수량

마음의 문을 활짝 열고 다른 사람과의 마음 소통이 원활한 사람은 두려움의 수량이 점차 없어지게 되고, 마음의 문을 꽁꽁 닫고 다른 사람들과의 소통에 인색한 사람은 세상에 대한 두려움의 수량이 많아지게 된다.

"마음의 문이 닫혀 있는 사람이라면 神(신)의 보호도 받을 수 없다."

무늬 개념

무늬가 같은 것이 여러 개 있다고 하여 그 속까지 다 같다고 할 수는 없다. 무늬에 속는 마음의 섣부른 판단은 나쁜 사람들한테 이용만 당하는 어리석음이 되고, 또한 억울한 일을 겪을 수도 있다. 무늬에 속는 어리석은 사람이 되지 않으려면 올바른 의식체계의 정신력으로 세상을 살아가면 되겠지만, 그렇지 못한 사람들은 섣부른 판단을 하지 말아야 하며, 그 분야의 전문가를 찾아 물어보면 무늬의 속을 알 수 있게 된다. 무늬에 속아서 억울한 일을 겪게 되면 그것은 자기의 어리석음이 되겠지만 사회에 대한 죄악이 되는 행위가 된다.

"피해자가 되었다고 떳떳한 것만은 아니며, 어리석은 자기의 책임도 다소 있다."

전문 직업

자기 직업에서 전문 분야의 기술을 가지고 일을 하는 사람들은 대체로 돈을 많이 버는 사람이다. 전문지식의 기술은 일을 효율적으로 하기 때문이다. 전문성의 직업을 가진 사람들은 자기 돈벌이에만 급급하지 말고, 보다 더 효율적인 기술개발을 위하여 마음을 써야 한다. 이는 자기의 능력을 사회에 공헌하는 자세이며, 나라 발전에 힘이 되기 때문이다. 자기 돈벌이에만 정신이 쏠려 있으면 사람이 못쓰게 된다.

"돈이 많아지게 되면 건전하게 돈 쓰는 법을 모르는 사람들이 의외로 많다."

종교 정신

종교를 믿는 신도나 신자들은 대부분 자기 마음의 구원을 얻고, 죄의 사함을 받고, 착한 사람으로 살기 위해서 빠져든다고 한다. 이것은 잘못된 종교관이다. 佛經(불경)이나, 성경이나 '사람이 사람을 서로 사랑하라.' 하는 것인데, 뭔 구원이 있으며, 뭔 지은 죄가 있겠나 싶다. '역지사지', '십시일반', '사랑의 실천', '마음 비움' 등 이 네 가지만 잘 지키고 살아가면 종교에 귀의할 필요가 없다. 자기성찰을 위해서 종교를 믿는다는 사람들도 있지만 결국에는 앞의 네 가지로 압축된 삶을 살게 된다.

"종교가 무엇인지 모르고 믿더라도 자기 마음이 편안해지면 되는데 막상 종교를 믿어 보면 사람들 때문에 귀찮은 일들이 많음을 알게 된다."

죽음의 개념

천수를 다 누리고 죽음의 문턱에 가 있는 사람들도 죽음에 대한 두려움을 느끼게 된다. 하물며 한참을 살아가야 할 나이의 시기에 죽음의 문턱에 가 있는 사람들의 두려움은 말할 것도 없이 엄청날 것이다. 삶을 살아 가면서 죽음에 대비한 마음의 준비가 갖춰져 있는 사람들은 죽음에 대한 두려운 마음이 다소 있을 수 있겠지만 두려움에 대한 부담감은 그리 크지 않다. 피할 수 없는 죽음이라면 담담하게 받아들이게 되어 있는 마음이 준비되어 있기 때문이다. 따라서 삶과 죽음을 하나의 연관성으로 통찰하 여야 하는데, 죽음에 대한 두려움을 느껴 본 사람들은 값진 인생을 열어 갈 수 있는 마음을 지니고 산다. 그러나 가치의 삶이 없는 벌레인생의 사 람들은 죽음에 대한 마음의 준비가 전혀 없고, 막상 죽음에 직면하게 되 면 두려움의 공포에 휩싸인 채 죽어간다.

"백년 인생 길다고 해도 막상 죽을 때가 되면 세월이 짧다고 한탄하게 된다."

이분법 의식

내 편, 저 편, 또는 내 것, 네 것 하는 이분법적인 의식에 길들여진 사람 들은 지혜로운 생각들이 없는 사람들이 되고, 지식을 많이 쌓더라도 자기 밖에 모르는 사람으로 변하게 된다. 이들은 편견과 독선 그리고 자만심과 교만, 사욕에 대한 집착, 아집에 의한 소통의 부재 같은 좋지 않은 생활습 성에서 벗어나지 못하는 어리석은 사람이 되는 것이며, 이는 곧장 사회악 으로 연결되어진다. 이분법적인 사고방식의 의식은 생각의 개념이 희박 한 사람들의 몫이기 때문이다. 이 이분법 의식에서 탈피하여 좋은 운명의 인생을 살아가려면, 서로 어우러지는 융합의 사고방식을 가져야 하며, 자

기가 질서정연한 이 세상의 주인이라는 마음을 가슴에 새기고 살아가야
한다.

"이분법 의식의 마음은 사람을 본능적인 동물로 만든다."

말의 현혹

대중들 앞에서 자신 있게 말을 하는 사람이 있다 하여도 말하고 있는
사람의 말에 현혹되지 않는 의식을 가지고 있어야 한다. 우리가 알아야
할 것은 말하고 있는 사람이 행동하고 다니는 내면을 알아야 하는데, 이
는 거짓말쟁이들이 말을 본새 있게 더 잘하기 때문이다.

"글 잘 쓰는 사람도 '단상에서 웅변을 하라.' 하면 잘하지 못한다."

운명의 개념

人間事(인간사)에 발생하는 좋지 않은 일들을 겪는 사람들은 의식개혁
을 통한 올바른 사고방식을 가지지 않는 동안에는 좋지 않은 많은 일들을
죽는 순간까지 끌어안고 살아가야 하는 운명이다. 좋은 운명과 나쁜 운명
은 미리 정해진 게 없으며, 자기의 운명은 자기가 만들어 가는 것이다. 생
각의 성장이 더 이상 진전이 없게 되면 그 자리가 바로 당신의 운명으로
결정되는 자리인 것이다.

"깊은 생각의 고찰이 없었다면 운명에 대하여 입도 벙긋 열지 말라."

현실주의

이상주의의 고집스런 외침은 천년이 흘러도 빈산에 울리는 메아리와 같고, 현실주의의 적시적소에 맞는 한 가닥 외침은 밝은 사회를 이루게 하고 인간성 회복의 지름길이다.

"성경에 아무리 좋은 말이 많아도 실천하는 사람 별로 없고, 저명한 학자들이 연구한 자료를 토대로 한 마디 하게 되면 즉각 반영이 된다."

사는 것의 정의

삶을 사는 것의 정의는 평등한 인간관계의 지속이 되어야 하고, 합리적인 관계의 공정한 기틀이 되어야 하며, 더불어서 사는 바탕이 되어야 한다. 그릇된 마음의 사고방식에 의한 무분별한 군중심리에 부응하는 사람들은 집단 이기주의에 편승한 정의를 저버린 사람들이다. 그리고 들러리 인생으로 살아가게 되면 자기에게 돌아올 이익은 전혀 없다. 이것을 알아야 한다.

"사람이 사람답게 살 수 있는 정의가 바로 서 있는 당신이라면, 직·간접적인 사회적 비용을 당신의 몫만큼 절감할 수 있다."

배움의 의식

사람들은 수많은 사물에 현혹되어 실수가 잦은 동물이다. 이를 극복하기 위해서 계속 배워야 한다. 교육에 의한 배움이 아니더라도 이 세상의 어느 구석, 어느 곳이든지 간에 배워야 할 교훈은 존재하고 있다.

"흘러가는 물을 보면 인생의 처세술을 배우고, 소나무를 보면 푸른 기상을 배우고, 대나무를 보면 곧은 의지를 배우고, 벼를 보면 익을수록 고개 숙이는 법을 배운다."

어린 아이 의식

어린 아이들의 의식이란 부모가 하는 대로 따라 하려는 성향이 매우 높다. 때문에 올바른 가정교육을 시키려면 어릴 적에 교육을 잘 시켜야 아이가 올바르게 클 수 있다. 어린 아이들의 기억이란 배움의 초기단계이기 때문에 한 번 머릿속에 입력이 되고 나면 어른이 되어도 잘 잊어먹지 않게 된다. 이 때문에 '어린 아이가 보는 앞에서는 찬물도 함부로 마시지 말라.' 하는 것이다.

"아이가 어릴 때, 가정교육을 제대로 안 가르치고 귀엽다고 오냐오냐하면서 키웠다간 아이가 어른이 되면 부모대접 받기가 힘들게 된다."

개념 있게 살라

탐욕에 눈이 멀어 개념 없이 사는 사람들은 정신병자와 같은 수준의 사람들이 된다. 재물은 많이 가지고 있으나, 적게 가지고 있으나 잠시 빌려 쓰고 가는 것인데, 탐욕에 마음을 뺏긴 사람들은 어리석은 사람이 될 수밖에 없다.

"욕심이 너무 지나치면 禍(화)를 당하게 된다. 사람은 모름지기 仁(인)과 忍(인)의 마음으로 지내야 하며, 과도한 욕심은 버려야 禍를 당하지 않는다."

世事相反(세사상반)

세상을 살아가노라면 世事相反 같은 일이 발생할 수 있는 것은 올바른 정신의 사람들과 상식의 범위에서 벗어난 사람들이 함께 이 세상에서 뒤섞여 살아가고 있기 때문에 그런 것이다.

"상식의 범위를 넘어 선 사람들은 어디에 가 있더라도 불의의 사고를 유발할 수 있는 위험한 사람이 된다."

이분법 이용

국민들에게 이분법 의식을 심어주는 것은 나라를 운영하는 못된 정치인들이다. 이 이분법 의식을 이용하는 사람들은 또 富(부)를 이루고 사는 기득권 세력과 기득권을 지키려는 보수언론사들이다. 국민들의 민심을 반으로 갈라놓아야 자기들의 '철밥통'을 지킬 수가 있는 것이어서 결코 정의로운 평등의 원칙을 적용하지 않게 된다. 이분법 의식에 길들여지면 세상을 당당한 주인으로 살 수 없다.

"사회지도층 사람의 말이라고 곧이곧대로 다 믿지 말라.《반일 종족주의》책을 쓴 사람도 있다."

능력의 활용

당신의 능력이 출중하다면 직함이 높은 자리에 있게 될 것이고, 일을 잘하게 되면 명예가 되고, 명예는 곧 권력으로 이어지고, 권력은 사람들을 다스리는 힘이 된다. 능력의 활용을 좋은 곳에 쓰면 잘못된 사회의 기틀까지도 바꿀 수 있다.

"명예는 존귀한 것이지만 당신의 능력을 잘못 쓰게 되면, 그 명예는 스스로 치명상을 입는 毒(독)이 된다."

일관성의 성격

세상을 바르게 살아가려면 항상 좋은 생활습관을 몸에 익히는 방법으로 세상을 살아가라. 좋은 쪽 행동의 일관성을 지키고 살면 당신의 운명도 일관성의 적용을 받아 좋은 운명으로 유지된다. 좋은 운명의 삶은 당신을 행복 속에 가둬두게 한다.

"나쁜 행동은 일관성 원칙의 적용을 받아 다시 나쁜 행동을 하게 된다."

F. 사랑

F. 사랑

사랑의 개념

자기를 사랑하듯 남을 사랑하는 것이며, 자기로 인하여 남들이 피해를 당하지 않게 하는 것이다. 또 편안하고 자유로운 마음을 갖게 할 수 있도록 배려하는 마음과 그 마음이 포괄적인 모든 사랑의 근본이 되는 사랑이어야 하고, 이 사랑의 진행은 더불어서 사는 다른 사람들의 행복의 상승을 위해 노력하는 마음 그리고 그 행동까지도 사랑의 개념에 포함된다.

"사랑의 개념이 뭔지 몰라도 된다면, 적어도 다른 사람들에게 피해를 주지 않고 살아갈 수 있다는 자신감이라도 갖고 살아라."

사랑의 定義(정의)

사랑에 대한 定義를 규명하자면, 사랑은 神(신)이 인간에게 내려 준 가장 값지고 고귀한 선물이다. 사랑에는 다수를 위한 큰 의미의 사랑과 소수를 위한 작은 의미의 사랑이 있다. 큰 의미의 사랑이란, 인간에게 좋은 것을 공유하기 위한 양심이며, 이로 인하여 상생의 협력, 상부상조, 더불어서 사는 세상, 밝은 사회가 형성되는 것을 말함이요, 작은 의미의 사랑이란, 가까운 지인들과의 끈끈한 유대관계, 친구에 대한 우정, 이성에 대한 애정, 형제간의 우애, 부모의 사랑, 동료애 등등 자기 마음의 쉼터 같은 사람들에 대한 사랑함을 말한다.

"사람이라면 크고 작은 의미의 사랑을 다 잘하고 살아야 한다."

참사랑의 정의

참사랑에 대한 정의는 자기에게 돌아올 기대치를 바라지 않고, 자기 마음의 행복을 위하여 남들에게 이로움을 주는 존재로 행동하며 살아가는 사랑을 말함이다.

"세상의 처처에 이로움이 되는 사람으로 살아가야 한다."

진실한 사랑

진실한 사랑의 정의는 자기 마음에 집착이나 허위가 없는 진술하고 진정한 마음으로 사랑함을 말한다. 이는 특히 소유나 구속하려 드는 부담감 있는 사랑이 되지 않고, 자기 마음이 자유롭게 행동하듯이 사랑하는 사람이 편안하고 자유로운 마음을 유지해 나가도록 사랑함을 말한다.

"진실함의 사랑에는 집착하는 마음이 있을 수 없다."

진정한 사랑

진정한 사랑이란, 내가 다른 사람을 위해서 그 어떤 도움을 주었다는, 그러한 사실을 기억하지 않고 사랑하는 것을 말한다. 그러기 위해서는 지속적으로 사랑의 실천을 할 수 있는 자기 능력만큼 다른 사람들을 위해서 계속 헌신하는 사랑의 행위가 이어지다보면 누구에게 무슨 사랑을 주었는지 몰라서 기억에서 잊어지게 되는 것이다.

"작은 보상이나마 되돌려 받기 위해서 온정을 베푸는 사랑은 진정한 사랑이 아니다."

사랑이라는 糧食(양식)

사람들은 누구나 이해와 애정 같은 사랑의 糧食을 먹고 사는 존재이며, 사람이나 가축이나 심지어 식물까지도 사랑을 먹고 살아야 제대로 잘 될 수 있고, 또 형편이 어려운 사람에게 베푸는 사랑은 씨가 되어 또 다른 사랑의 양식이 되어 가는 것이다.

"사랑은 사람이 지구상에 존재하는 한, 릴레이 경기 같은 형태로 지속되어야 하며, 이 사랑을 사람들은 양식으로 삼는다."

사랑의 종류

청춘남녀 이성간의 애정은 자기의 기쁨으로 삼겠다고 마음을 먹는 이기주의 사랑이요, 중매든, 연애든 결혼을 한 부부간의 사랑은 인간의 상품화로 가격을 정하는 사회적 가식의 틀에 매인 형식적인 사랑으로 변질

된 사랑이요, 자식에 대한 엄마의 무조건적인 사랑은 자식을 위험한 함정에 빠져들게 할 수 있는 위험한 사랑이요, 남녀 이성간의 친구라는 개념의 호칭은 위장한 사랑의 허울 좋은 구실에 불과할 따름이다. 사회생활에서 좋아하는 친구들이 많다고 한들 진정한 친구 단 한 명 있기도 힘든 것이 사랑이라는 이름으로 포장되어 있다. 이는 사람들이 사랑이라는 진정한 뜻의 의미를 모르고 사랑을 하면 이렇게 되는 것이다. 여기에 덧붙여서 진정한 사랑의 의미를 잘 모르고 사랑을 하게 되면 사랑의 함정에 빠져 인생 자체를 망쳐버릴 수도 있다. 사랑은 神(신)이 인간에게 준 가장 고귀한 선물이기 때문이다.

"사랑 때문에 실패의 인생을 사는 사람이 없어지려면 사랑의 진실을 잘 알아야 한다."

사랑은 삶의 버팀목

진실한 사랑의 대내외적인 활동은 불편한 삶을 편안하고 행복한 삶으로 살아가게 해 주는 삶의 신기한 버팀목이 된다. 베푸는 사랑이나 주는 사랑은 행복으로 숨을 쉬고, 은혜를 입거나 받는 사랑은 기쁨으로 승화되는 것이다. 남을 위해서 헌신하는 사랑은 자기를 새롭게 변신시키는 묘약이 되고, 삶의 의미에 부합하는 좋은 자세가 되며, 자기생활에서 불편함을 모르고 살아갈 수 있게 한다.

"사랑의 버팀목이 없는 울타리는 바람이 세게 불면 무너지고 만다."

사랑은 삶의 발전

삶을 어렵게 여기고 산다는 것은 시련이다. 사랑은 삶의 시련을 물리치고 이기기 위한 행위가 되고, 서로 이해하고 화합하는 것은 행복이 되고, 가슴속에 희망을 갖는 것은 삶의 발전을 위함이 된다.

"사랑이 없는 삶의 발전은 있을 수 없다."

사랑은 치료약

실천하는 사랑은 사람의 마음을 밝게 유지시켜 주는 치료약이 되며, 감사하는 마음으로 세상을 살게 하며, 가슴속의 희망이 싹을 틔울 수 있게 하며, 넓은 관용의 배려가 있게 한다.

"병원 주사보다 의사의 따뜻한 말 한 마디가 더 효과적일 수 있다."

자식에게 줄 선물

자식에게 많은 재물을 안겨주는 선물보다는 포괄적인 올바른 사랑을 가르쳐 주는 것이 부모가 자식에게 줄 수 있는 가장 고귀한 큰 선물이다.

"재물을 물려주기 전에 자식을 먼저 사람다운 사람으로 만들어 놓아야 한다."

사랑의 빵

같은 빵의 빵맛이라도 사랑의 나눔에 의한, 여럿이 함께 먹는 빵의 맛은 더욱 맛이 있는 특별한 빵맛이 난다. 왜냐하면 맛이 다르게 느껴지는 것은 기분에 따라서 뇌에서 분비되는 신체적인 화학물질 성분의 함량이 다르기 때문이다.

"'함께'라는 개념은 서로 간에 힘이 되고, 위안이 되고, 용기를 가질 수 있게 한다."

종교의 理念(이념)

하나님의 뜻이나, 부처님의 뜻이나 종교말씀의 근본적인 理念은 사랑의 실천을 강조하는 것이다. 사랑의 실천이 없는 성경공부 10년을 하고, 불경의 도를 알아도 소용이 없다. 종교에 대한 신앙심을 가진 사람이라면 다른 건 다 제쳐두고서라도 '역지사지', '십시일반', '남에 대한 사랑', '마음 비움' 정도는 할 수 있어야 한다.

"사랑의 실천이 없는 종교의 신앙심은 자기를 나쁜 인간으로 변하게 한다."

사랑인생 성공

자기가 사랑으로 존재하고 있음을 알고, 다른 사람들을 위해서 사랑을 실천하는 것과 누리고 있는 여유로움을 나눠주고 더불어서 살아가는 마음을 가진 사람들은 사랑인생에서 성공한 사람이다. 사랑함의 원활한 순환은 모두에게 행복의 꽃이 된다.

"세상의 모든 자원과 먹는 것은 나와 너, 우리 다 함께의 것이다."

편견 없는 참사랑

좋아하거나 미워하는 감정이 없고, 선입견이나 편견의 생각도 없이 사랑하는 마음으로 대상의 사람에게 접근하게 되면 말과 행동의 표현을 진실한 마음으로 행하게 한다. 참사랑의 마음은 언제나 한결 같아야 탈이 없는 것이며, 자기 욕심으로 행하는 잘못된 사랑은 자기 인생을 그르치게 되는 사랑의 함정에 빠져들게 된다. 진실하게 사랑하는 참사랑의 마음은 자기 인생에 있어서 악몽의 시간이 닥쳐와도 충분히 견뎌낼 수 있는 능력을 발휘하게 한다.

"사랑은 神(신)의 고귀한 선물이다. 때문에 신의 뜻에 맞게 사랑할 줄 알아야 아무런 탈이 없게 된다."

집착력의 사랑

남녀간의 사랑을 함에 있어서, 사랑을 올바르게 알고 사랑을 하면 그 사랑은 아주 오래 가지만, 올바르지 못한 마음으로 사랑을 하면 남녀 애정의 관계가 점점 깊어질수록 소유욕에 의한 집착이 대단히 강하게 작용한다. 소유욕에 눈이 멀어 집착의 마음을 다스리지 못하게 되면 소유욕에 의한 잘못된 사랑은 거의 비극으로 끝이 나게 되는데, 왜냐하면 사람은 누구나 행복을 추구하려는 자유의 권리를 갖고 있기 때문이다. 사랑은 큰 의미의 사랑이거나, 작은 의미의 사랑이거나, 자기보다는 남을 위해 존재하는 것이 사랑의 진실이 되기 때문이다.

"남녀간 애정의 사랑은 사랑 중에서도 가장 핵심적인 사랑의 심장부와 같은 것이다."

사랑의 뿌리

사람답게 살아가려는 그 모든 것의 행하는 행위의 동기부여는 사랑의 뿌리에서 발생하는 것이므로 어떤 잘못을 저질러 놓고 '사랑해서 그랬다.' 하는 말은 거짓이다.

"사랑하는 것에는 어떠한 경우에도 마음에 상처가 나지 않아야 한다."

열정은 사랑

직업에 의한 자기의 능력에 진심을 담은 열정의 행보는 성공의 삶으로 가는 길이 되고, 성공하는 삶의 뒤안길에는 여러 사람들의 행복도 함께 발생하게 되는 것이며, 미래에 대한 기대치 상승으로 책임감을 느끼게 된다. 책임감에 의한 순수한 열정의 계속된 진행은 바로 자기의 입지를 상승시키는 것이며, 이는 다수의 사람들을 위하는 사랑이라는 마음에서 비롯되는 것이다.

"열정과 사랑에 의해 일을 하는 손은 꽃보다 아름답다."

사랑의 존재

사랑은 눈으로 보고 느낄 수 있으며, 마음으로도 볼 수 있으며, 감성의 느낌으로도 알 수 있는 것이어서 진실한 마음에서 우러나는 사랑의 감정은 사람 사이의 간격을 좁혀주는 역할을 한다. 설령 마음의 상처가 있다

하여도 사랑을 치유하는 치료제 역할도 하게 된다. 본질을 숨기는 색칠을 한, 위장된 사랑은 마음속에 욕심만 품게 하며, 잘못된 사랑은 사랑이 끝나면 마음에 상처만 남게 된다.

"넓은 사랑은 누구나 가능하지만, 남녀간 애정의 사랑은 진짜로 진실하여야 한다."

일하는 사람의 개념

사랑의 실체를 제대로 알고 일을 추진하고 있는 사람들은 혹시 실패한 일이 발생하더라도 크게 낙담하지 않고 다시 시작할 수 있는 용기를 가지게 되며, 일에 필요한 지식의 습득과 슬기로운 지혜의 기술로 무장하게 되는 마음을 가지게 되며, 일에 담긴 사랑의 실천을 하겠다는 소망으로 일하는 방법과 일의 의미를 알고 일을 정직하게 추진해 나가려는 성향이 짙어지게 된다. 이러한 순리에 따르는 순박한 사람들은 일에 대한 진정한 휴머니스트가 되며, 필요가 없는 악한 마음은 자취를 감추게 된다.

"눈물의 빵을 먹어보지 않고서는 일에 담긴 사랑을 모른다."

사랑의 지도자

사랑으로 충만 되어 있는 지도자의 미소 띤 얼굴은 희망을 향한 음악의 전주곡에 해당하는 격이다. 그 지도자를 따르는 무리의 사람들은 행복지수가 상승하게 되고, 맡은 바 역할을 이상 없이 수행하려는 마음을 갖게 한다.

"지휘자의 능력이란, 부하들을 말 한 마디로 죽고 살게 만들 줄 알아야한다."

제일 아름다운 것

이 세상에서 아름답게 보이는 것들이 아무리 많을지라도 사랑으로 충만 되어 있는 사람들이 사람다운 사람으로 살아가는 것보다 더 아름답게보이는 것은 없다.

"마음에 와 닿는 좋은 사람은 그림으로 남겨두고 싶은 행복의 그리움이된다."

가장 가치 있는 사랑

영원한 자기 마음의 안정을 위해서 자기가 자기에게 사랑의 노력을 기울이는 행위로 살아가는 것이 가장 가치 있는 사랑이며, 영혼을 위한 德(덕)을 쌓는 일이 된다. 자기를 사랑하는 것은 남을 사랑하기 위함이며,이는 자기의 행복이 되고, 행복한 느낌은 마음의 안정으로 이어지고 남들과 더불어서 사는 상생의 바탕이 된다.

"자기를 사랑하라는 말을, 자기 입에 떠 넣는 밥만을 생각하는 사람들이 있다. 이는 가슴에 이해심이 부족해서 그런 것이다."

戀人(연인)에 대한 집착

참사랑의 의미를 모르고 사랑에 빠져드는 戀人들은 남자든, 여자든 좋아하는 마음이 너무 지나치게 되면, 사랑이라는 이름으로 자기의 연인을 자기 소유물로 구속시키려 하는 집착의 사랑을 하게 되고, 마음의 이완을 이해하려 들지 않으려 한다. 이해가 부족한 이 부분에서 연인 사이가 소원해지기 쉬우며, 불만이 발생하게 된다. 불만이 발생했다는 것은 연인에 대한 사랑하는 마음이 없어져 간다는 뜻이며, 여자와 남자는 폭력을 구사하는 것으로, 연인에게 마음의 상처를 입히게 되는 처지가 된다.

"참사랑의 의미를 모르면 연애하는 사랑은 하지 말라."

信仰心(신앙심)

사랑의 실천을 강조하는 것이 종교의 교리가 되는데, 사랑의 실천이 없는 信仰心은 그냥 허울이 될 뿐이며, 아무런 의미가 없는 인생으로 살아가게 될 뿐이다. 비즈니스 목적으로 교회 집회에 뻔질나게 참석하는 사람들이 많은데, 이런 사람들은 거친 껍데기에 기름을 바르는 격이다.

"신앙심이 있거나, 없거나 신은 존재한다. 죄는 짓는 대로, 덕은 쌓는 대로 간다."

자기를 사랑하라

자기를 사랑하지 못하는 사람이 어느 누구를 사랑할 수 있을까? 있을 수 없는 일이다. 남을 사랑하려면 우선 자기를 사랑하는 법을 알아야 한다. 자기를 사랑하는 일에 포함이 되는, 교양 쌓기와 매너 있는 사람, 기본 덕목을 지니고 예의가 바른 사람, 자기 마음의 성장을 위해 생각을 깊게 하는 습관이 든 사람, 말과 행동이 일치하는 사람, 진취적인 삶의 열정 등등이 있다. 자기의 존재 가치가 빛나지 않으면 자기를 사랑하는 일에 소홀했다는 증거가 되는 것이며, 남을 사랑하는 일에 인색해질 수밖에 없는 것이다. 남을 사랑하는 것도 따지고 보면 자기 마음이 행하는 자신감의 표현이다.

"자기를 위한 사랑이 존재하지 않는 사람은 존재 가치가 없는 사람이 된다."

배려는 사랑

사랑으로 충만이 되어 있는 사람들은 다른 사람들에 대한 배려하는 마음이 습관화가 되어 있어 마음은 언제나 너그럽고 따뜻하며, 대의명분에 맞추어 가는 태도와 행동을 하게 된다. 이는 자기 주변의 사람들까지도 삶의 힘이 되고, 위안이 되고, 행복한 사람으로 존재하게 한다.

"가슴이 차가운 사람에게는 자비를 구하지 말라."

첫눈에 반한 사랑

첫눈에 반한 사랑은 주로 남자의 몫이 되는 것인데, 인생을 살아오면서 흔하게 볼 수 없었던 이목구비 뚜렷한 예쁜 여자의 얼굴을 보게 되면, 이 남자나 저 남자나 청춘의 나이라면 관심이 갈 수밖에 없다. 첫눈에 반한 사랑은 열정을 쏟아 사랑하기 때문에 한 번 맺은 사랑이라면 쉽게 금이 가는 사랑은 되지 않는다. 첫사랑은 깨어지기 쉬워도 첫눈에 반한 사랑은 쉽게 깨어지지 않는다. 첫눈에 반한 사랑은 남자들의 자존심이 걸린 문제라서 여자에게 못마땅한 면이 발견되어도 책임이 있는 사랑으로 승화시키려고 하기 때문에 첫눈에 반한 사랑은 의외로 아주 오래 가게 된다.

"미인 아닌 여자 얼굴을 보고 첫눈에 반하는 남자는 없다."

청결 유지 사랑

청소를 통해 청결상태로 유지하려는 것은 지저분한 것이 보기 싫어서 치우는 것이지만, 이 청소라는 개념을 자기 마음의 때를 씻어내는 마음수양이라고 여기게 되면 한결 기분이 상쾌해질 것이다. 청결을 유지하려는 마음은 사회에 대한 밝은 양심이요, 미래에 대한 희망이며, 자기에 대한 예의이며, 세상에 진 마음의 빛을 갚는 것이며, 주변 사람들에 대한 사랑이 된다.

"청소하기 싫어하는 사람들이 쓰레기는 제일 많이 버리고, 청소하면 손해를 보는 바보라고 여긴다."

G. 대인관계

G. 대인관계

對人(대인)관계

세상을 험하게 살아가지 않으려면 다른 사람들과의 마찰이 없는 생활로 이어가야 한다. 이를 위해서는 자기를 낮출 줄 알아야 하며, 밝게 웃는 모습과 한 마디 말을 해도 친절하게 할 줄 알아야 하며, 사랑이 충만된 따뜻한 가슴으로 세상을 살아가야 한다. 그래야 아무 탈이 없는 인간관계가 성립될 수 있는 것이다.

"대인관계가 탈 없이 원만한 사람은 무슨 일을 하든 모든 일이 다 원만하다."

벗이라는 개념

벗이란, 단순한 친구관계가 아니다. 남녀노소 누구를 가리지 않고 마음이 서로 통하는 사이의 사람이다. 친구처럼 가까운 사이로 지낼 수 있는,

마음의 위안이 되는 사람이면 벗이라는 이름으로 존재하게 되는 것이다. 벗이라는 존재는 고귀한 존재이며, 사람에 대한 아름다운 그리움이 되고, 마음의 위안이 되고, 또 하나의 즐거운 마음이 되고, 생각을 쏘아 올려 행복한 마음도 들게 하는 가치가 있는 고상한 색체이다.

"벗은 마음의 그리움이요, 친구는 행동이 함께 하는 이름이다. 친구는 말의 진의로 통하고, 벗은 마음의 이해로 통하고, 친구는 친구로서 남고, 벗은 벗으로 남되 친구로도 변할 수 있음이다."

밝은 얼굴

밝은 얼굴은 대인관계에서 발생되는 자기 운명의 길을 좋은 방향으로 만들어 놓을 수 있는 힘이 되는 것이며, 대인관계에서 어려운 상황에 직면하게 될 때 비상 타개용으로도 작용할 수 있다. 밝게 웃는 밝은 얼굴에 침을 뱉는 사람은 아무도 없기 때문이다.

"남을 향해 웃어주는 미소, 자기 스스로에게 보내는 미소, 남이 자기를 위해 웃어주는 밝은 얼굴의 미소는 희망의 언덕을 가슴에 품게 한다."

미소의 얼굴

대인관계에서 찌들고, 힘들고, 구겨진 마음을 활짝 펴게 해줄 힘을 지니고 있는 것은 어느 누군가가 당신에게 정다운 마음으로 정답게 미소 지어주는 얼굴이다.

"당신을 위해서 미소 지어주는 사람은 천사와 같은 것이다. 따라서 당신 역시 다른 사람의 천사가 될 수 있는 것이다."

가장 기쁜 순간

사람은 사람에 의해서 위로 받고, 사람에 의해서 힘을 얻고, 사람에 의해서 용기와 희망을 갖기 때문에 오랫동안 헤어져 있었더라도 다정다감하게 정감을 나누었던 사람을 다시 만나게 되었을 때, 가장 기쁜 순간이 되는 것이다.

"당신의 마음에 깊은 상처를 새겨놓은 사람을 다시 만나게 되면 갈등의 괴로움이 된다."

인맥관리

대인관계에서 인맥관리는 필수사항이다. 인맥관리 잘못하면 마음에 안드는 사람도 만나야 하는 상황이 발생할 수 있다. 당신 역시도 다른 사람들의 인맥관리 대상에 포함되고 있는 것이며, 좋은 사람으로 평가받고 싶다면, 당신이 모나지 않는 통상 보편적인 상식으로 통하는 사람이 되어 있어야 한다.

"상식으로 통하지 않는 사람은 어디가 이상해도 분명히 잘못된 이상한 면이 있다."

과잉 친절

아는 사람이든, 잘 모르는 사람이든 당신에게 필요 이상의 과잉친절을 하는 사람이 있다면, 그 목적이 무엇인지 불명확할지라도 개인적인 어떤 욕심에서 출발한 것이 되는 것이므로 과잉 친절에 대한 송구스럽도록 감사하는 마음은 결국 당신이 불이익을 당하는 일을 겪게 된다는 뜻이 되는 것이다. 과잉 친절을 경계할 줄 알아야 한다.

"과잉 친절은 당신을 잡아먹을 수 있는 사자의 입과 같은 것이다."

어른의 나이

대인관계에 있어서 어른의 나이가 되어서도 어른다운 풍모의 언행을 하지 못하게 되면 다른 사람들로부터 자연히 소외당하는 입장이 되고 만다. 사람들은 너, 나 없이 다들 자기 잘난 맛에 살아가고 있는데 나이에 맞는 말과 행동을 할 줄 모르면 어느 누가 가까이 하려 할까? 아무도 없을 것이다. 벼가 익을수록 고개를 숙이듯이 사람도 나이가 들면 나이에 맞는 무게감이 우러나와야 하는 것이다.

"어른은 묵묵히 참고, 꿋꿋하고, 의연해야 하고, 행동을 함부로 하면 안된다."

의심과 고집

대인관계에서 의심하는 마음으로 사람을 대하는 것은 禍根(화근) 발생의 요인이 되며, 단절과 미운 대상의 초기상태가 되고, 상식의 범위가 아닌 차별적인 이상한 고집을 가진 사람은 친하게 지내던 사람마저 등을 돌리게 만든다.

"사람은 상식적인 범위의 생활에서 벗어나면 안 되는 것을 알아야 한다."

* 차별적인 이상한 고집 : 사람에 대한 차별, 일을 하는 과정의 차별, 습관이나 행동에도 차별을 두는 고집

자기 부덕의 소치

어떤 일에 대한 다른 사람과의 이해관계에서 자기의 억울한 면이 있다고 분개하지 말고 자기 부덕의 소치이려니 하고 마음을 접게 되면 마음이 진정된다. 억울한 면의 원인규명을 위해 시끄럽게 소란 피우는 것은 화근 발생의 요인이 되며, 대인관계에서 균열과 파괴만 있게 된다. 설령 억울한 입장을 인정받았다고 해도 그 일에 대한 마음의 앙금은 쉽게 지워지지 않는다. 그러므로 대인관계의 일에 있어서는 불필요한 언행 따위로 자기의 점수를 깎아먹는 행위는 하지 말라.

"마음수양이 잘 되어 있는 사람들은 소란 없이 그냥 손해 보는 입장이 되고 만다."

자기 취향

사람들은 모두 자기 색깔을 지니고 살며, 생활방식의 취향도 조금씩은 다르다. 그러므로 대인관계의 일에 있어서 자기 취향을 너무 고집스럽게 드러내는 사람으로 살지 말라. 이는 다른 사람에게 불편함을 줄 수 있는 일이 되기도 하고, 까다로운 사람 혹은 까칠한 사람으로 비춰질 수 있

게 된다.

"커피 한 잔을 마시는 것도 향기, 맛, 감미로움, 카페인 함량 등을 따지는 사람들이 있다."

악의 있는 경쟁자

어떤 목적의 일에 있어서 경쟁의 대상이든, 아니든 일의 진행과정에서 다른 사람의 희망과 꿈을 짓밟는 과격한 언행은 하지 말라. 혼자 깨끗한 척해봐야 털어보면 당신이 더 악한 사람으로 비칠 것이다. 사람의 가치는 다른 사람들을 위하는 것에서 존재하는 것인데, 악의가 있는 당신이라면 분명히 벌레인생이 될 뿐이다.

"악의가 있는 경쟁자가 되는 것은 선의의 경쟁이 아닌 자기만을 위한 욕심에서 발생하는 것이다."

욕심

이 세상은 혼자 살아가는 세상이 될 수 없고 여러 사람들과 더불어서 살아가야 한다. 이 삶의 과정에서 삶에 필요한 적절하고 합당한 욕심은 사회를 발전시키는 바탕이 되지만, 지나친 과욕은 사회악의 활성만 가중시킨다.

"무엇이든 욕심이 과하면 나쁜 짓을 할 수밖에 없다."

신뢰

상업적인 거래를 하든, 동료들과의 관계가 되는 문제이든 자기의 신뢰를 쌓아가는 것에는 시간이 오래 걸리지만, 신뢰를 잃어버리는 것은 한 순간이다. 그로 인해 한 번 무너진 신뢰는 자기를 상실하게 만든다. 이러하기에 신뢰를 잃어버리지 않으려면 어떠한 일을 행하더라도 정직하여야 하며, 마음속에 거짓과 허위가 없어야 한다.

"신뢰는 짧은 순간에 이루어지는 것이 아니고, 돈으로 살 수 있는 것도 아니다."

당당히 살기

이쪽저쪽 눈치 보는 자세로 세상을 살지 말고 당당하게 살아가라. 죄 짓고 사는 사람이 아니라면 당당하지 못할 이유가 없다. 대인관계의 일에서 자기가 감당할 수 없는 일이라면 처음부터 아예 나서지를 말든지, 나서서 일에 관여하게 되면 자기의 안위를 걱정하는 비겁한 사람은 되지 말라.

"잘 생각하고 또 생각하면 중간 다리 역할의 참견은 하지 않아도 되는데 일에 관여하려 나서는 자체가 잘못이다. 자칫하면 기분 손상으로 이쪽과 저쪽 싸움을 붙이는 격이 되고 당신 역시도 싸움의 대상이 된다."

人生(인생)의 內攻(내공)

"내 눈에 찍힌 사람치고 잘되는 사람 한 사람도 못 봤다." 이런 말을 할 수 있는 사람이라면 인생의 내공이 상당한 사람임을 나타내는 것이다. 이런 말을 할 수 있는 사람들의 직업은 대부분 사업을 하는 사업가들이 대부분 해당되는데, 정직하게 일을 하여 돈을 많이 벌려고 살아 온 인생이라면 엄청나게 많은 생각들을 했을 것이며, 정직과 신뢰가 돈을 버는 바탕이라는 것을 알고 있기 때문에 저런 말을 할 수가 있는 것이다.

"돈을 버는 일에도 깊은 생각은 반드시 필요하다. 이 깊은 생각의 통찰력이 다른 사람들의 사람됨을 파악할 수도 있음이다."

비겁한 인생

사람과 사람 사이에서 발생되는 문제에, 자기 자신의 안위만 걱정하며 살아가는 인생은 벌레인생과 같다. 올바른 정신의 의식체계가 갖춰져 있지 않으면 비겁한 인생으로 살게 되고, 이는 벌레인생으로 살아가는 형태가 될 뿐이다.

"정의롭고 당당하게 살아가는 사람이 주위로부터 존경을 받게 되는 것이다."

사생활 침해

대인관계에서 사회적인 가식의 틀에 매여 사는 것도 신경을 쓸 일이 참 많은데, 알고 지내는, 만만하게 보이는 사람의 사생활에 '이래라 저래라' 간섭을 하는 사람들 중에서 누구 하나 올바른 정신의 의식을 가진 사람이 없다. 남이야 생활을 어떻게 하고 살든 본인들 마음 편하게 살면 되는 것이다. 남의 사생활 간섭은 사생활 침해행위가 되며, 주제 넘는 잘못된 행동이다.

"본인들 생활도 똑바로 하지 못하는 사람들이 아무데나 간섭하기를 좋아한다."

네 똥 굵다

"됐다, 그만해라. 네 똥이 더 굵다." 이 말을 쓰는 경우는 서로 간에 토론의 대화를 함에 있어서 자기의 말이 옳다고 이마에 핏대를 세우는 사람한테 대화 차단용으로 쓰게 되는 말이다. 칭찬인 듯 칭찬이 아니고, 욕인 듯 욕도 아니고, 애매한 표현이지만 사실은 인격 비하에 해당하는 '꼴값 그만 떨어라.' 하는 거와 같은 말이다. 토론의 대화를 계속하다가는 다툴 수 있는 싸움이 발생할 수 있는 상황이라고 판단이 되거나 어처구니가 없다는 판단이 설 때 대화 차단용으로 쓰는 말이다.

"못난 사람이 잘난 체해봐야 아무도 알아주는 이 없다."

의미 없는 인연

인간적인 면으로 순수하게 잘 대해 주고 있는데도 감사하는 마음을 표시하지 않고 사는 사람은, 자기 혈육관계 이외의 그 어느 누구와도 가까운 인맥의 인연을 맺을 수가 없다.

"눈, 코, 귀, 입, 감정까지 있는데 아무런 느낌도 없다면 사람이 아니다."

인사의 개념

자주 보는 사람이거나, 가끔 보는 사람이거나 만날 적마다 인사를 받게 되면 일일이 대응하는 답례의 인사를 확실하게 해 줘야 한다. 만약 이를 대수롭지 않게 생각하고 일일이 대응을 하지 않게 되면 나중에 불협화음의 빌미가 될 수 있다. 불협화음은 교류의 단절로 가는 지름길이 되는 것이다.

"인사를 제대로 받지 않으면 인사를 안 해도 된다는 뜻이 된다."

마음의 부재

감정 조절 불가능의 '욱'하는 성질에 의한 폭력행사는 선량한 마음의 부재에서 오는 자기 부덕의 소치에 해당되므로, 순간적인 감정 폭발은 결국 자기 스스로를 잘못되게 하는 결과로 이어진다. 이러한 자기 부덕의 소치를 피하려면 적어도 세 번 이상은 생각을 잘하고 행동하여야 한다.

"세 번 이상 생각을 잘하라는 것은, 생각할 수 있는 여유의 시간만 있어도 폭력행사 같은 잘못된 행동은 하지 않을 수 있다는 말이다. 이게 일반 사람들 마음의 공통점이다."

불만의 대상

다른 사람으로부터 불만의 대상이 되는 삶을 살지 말라. 불만의 대상이 되어 있다는 것은 이미 삶의 의미를 상실한 거나 같다. 진실한 마음으로 살아가게 되면 고약한 사채업자 말고는 이해하지 않을 사람은 아무도 없다. 그리고 자기밖에 모르는 벌레인생으로 살아가는 것도 불만의 대상이 된다.

"진실한 마음은 세계 어느 곳을 가더라도 다 통하는 것이다."

친밀한 소통

사람과 사람 관계 사이에 친밀한 마음의 상호 소통은, 어떤 일이 발생하게 되면 서로 돕는 처지가 되거나 불미스러운 일이 발생해도 서로 간에 충격을 완화하는 완충제 역할을 하게 한다.

"친밀한 마음의 교류는 이후에 이심전심이 된다."

나쁜 친구

그 어느 누구와 친하든지 간에 나쁜 친구의 역할은 하지 말고 당신 자신의 참된 인생을 위해서 살아가야 한다. 나쁜 친구를 사귀고 있다면, 그 친구를 교화시켜 좋은 친구로 만들거나 그럴 능력이 되지 않으면 단교를 선언해야 한다. 나쁜 친구를 계속 만나게 되는 것은 당신 역시 나쁜 친구가 되어갈 뿐이다.

"나쁘고 잘못된 친구와의 계속적인 만남의 진행은 감옥소 직행이 될 수도 있다."

관심과 偏愛(편애)

가까이 하고 지내는 사람에게 관심을 갖는 마음으로 대해 주면, 그 사람을 사람다운 사람으로 가꾸어 주는 행복한 힘이 된다. 그러나 偏愛하는 치우침의 특별한 사랑으로 대해 주면 사람을 사람 아닌 사람으로 만들 위험이 뒤따르게 된다.

"사람은 누구나 다 귀하고 소중한 존재다. 사랑에는 차별이 없어야 한다."

겸손

대인관계에서는 겸손해야 된다고 아무리 강조하더라도 지나침이 없다. 그만큼 겸손이라는 자세의 태도는 인간생활에서 아주 중요한 기본 덕목이 되기 때문이다. 이 겸손의 태도를 잘 유지시켜 삶을 살아가면 사람에 의한 마음의 상처는 받지 않고 살아갈 수 있다.

"마음의 상처는 잘 치유되지 않고 오래 가며, 괴로움이다."

暴言(폭언)

어떤 일을 처리함에 있어서 잘못된 일처리에 대한 질책의 일환으로 다른 사람들 혹은 직장 상사로부터 暴言을 듣게 되면, 기분 좋은 사람은 아무도 없다. 여기서 어떤 마음을 갖느냐에 따라 당신이 발전할 수 있는 계기가 되기도 하고, 당신 인생을 잘못되게 하는 시발점이 되기도 한다. 이럴 경우에는 두 눈 딱 감고 당신 자신을 돌아보아야 하며, 참을 줄 알고 자기반성부터 하는 게 최선이다.

"자기반성이 없는 사람은 다음에 또 욕 듣는 일을 하게 된다."

협동정신

친구들이나 또는 동료들이나 이웃들이 어떤 일의 추진에 있어서 모여서 함께 협동을 하는 것은 서로 간에 사랑의 진전이요, 상생하는 길이며, 행복을 누리는 즐거움이 된다.

"사람은 사람에 의해 위로받고 함께 행복해 하는 법을 알아야 한다."

인생은 미완성

인생은 삶의 과정에서 배우고 마음이 성장하는 것에 있기 때문에 미완성 인생이 될 수밖에 없다. 성공한 인생도 미완성이요, 실패한 인생도 미완성이다. 사람이 잘 났든, 못 났든 어차피 미완성 인생인데 재물 혹은 권력을 가졌다고 다른 사람들을 업신여기거나 큰소리치지 말라.

"큰소리치고 살아봐야 청산에 우는 바람소리보다 못하다."

소인배 삶

아량이 거의 없고 속이 좁은 소인배 인생으로 살지 말라. 가는 곳곳마다 핀잔의 대상이 되고, 비난의 대상이 될 뿐이다. 소인배들은 배우지 못해서 소인배로 존재하는 것이 아니다. 다들 성격 자체가 비뚤어져 있어서 그런 것이다. 정신상태가 올바른 의식체계로 확립되어 있지 않은 소인배 인생은 스스로 깨우침이 없으면 죽는 순간까지도 소인배로 살아가게 된다. 소인배들의 삶이란, 어떤 일이 잘되면 자기 탓, 잘못되면 모두 남의 탓이라고 한다.

"소인배들은 마음의 그릇이 아주 작다. 때문에 절대로 통 큰 행동을 하지 못한다."

자존심 남발

다른 사람들에게 자존심을 남발하지 말라. 자존심의 남발은 자기의 앞길을 가로 막는 가시밭길을 만드는 거와 같다. 자기 자존심이 세다고 말하는 사람들은 생각의 머리가 얄팍하며, 세상의 이치에 어두운 사람들이 대부분이다. 자존심은 너무 없어도 안 되겠지만, 자존심 남발보다는 합당한 타협을 이루며 사는 것이 사람다워지는 길이 된다.

"세상천지에 자존심 없는 사람은 없다. 당신만 자존심이 있는 것이 아니다."

사람관계 수명

좋은 사람을 만나서 가까이 하여 살아가게 되면 밝은 마음에 웃으면서 살게 되고, 이로 인해서 수명도 길어진다. 그러나 나쁜 사람을 만나서 곁에 두고 살아가게 되면 스트레스 증가로 인해서 수명이 짧아지게 된다. 인생을 살아감에 있어서 나쁜 사람이 있는 이웃집에는 살지 말라.

"사람은 주변의 환경 분위기에 의해 자기 인생이 다르게 될 수 있고, 이 또한 생각의 유무와 관련이 된 것이어서 나쁜 환경은 자기의 운명이 나쁘게 된다."

더불어 산다는 것

더불어서 산다는 것의 목적은 '다함께 잘되자.'이다. 다함께 잘되기 위해서는 서로 간에 협력과 협동심, 협조가 필수사항이 되는 것이다. 그러나 부자로 살고 있는 소인배들은 더불어서 살아가는 것을 싫어하는 면이 강하지만, 자기가 불리할 때는 제일 먼저 도움을 구하게 된다.

"소인배들은 재물이 많을 때는 남 알기를 우습게 알고, 재물이 적으면 도둑질부터 하려고 마음을 먹는다."

賞罰(상벌) 관련 사람 판단

착한 행동으로 상을 받는 사람 중에 나쁜 사람이 있을 수 있고, 罪(죄)를 지었다고 벌을 받는 사람 중에 착한 사람이 있을 수 있다. 상벌에 의한 점수로 사람을 판단하지 말라. 삶을 살아온 평소의 모습과 언행의 태도에 대한 평점이 그 사람의 인격이 되는 것이기 때문이다.

"사람은 겪어봐야 그 사람의 진면목을 알 수 있는 것이다."

사람 판단

사람에 대한 판단을 함부로 행하지 말라. 알고 지내는 사람이라면 성품이 자연히 드러나게 된다. 입사면접시험, 상업적인 신용거래 등 필요한 곳 외에는 쓸데없이 사람을 판단하면 안 된다. 사람에 대해서 사랑하거나 미워하려면 그 사람에 대해서 깊이 알아야 하는데, 깊이 알려면 당신의 주관의식이 올바르게 확립되어 있어야 가능한 것이다.

"자기 처신도 제대로 못하는 사람들이 다른 사람에 대한 사람 됨됨이를 판단하려 하는 것은 꼴값하는 짓이다."

인격을 높여라

정신이 청청하고, 마음이 깨끗하고, 모든 일에 투명하고, 자기에 대한 프로정신이 강하고, 겸손하고, 예의가 바르고, 배려와 감사하는 마음 등 이런 착한 마음들을 가슴속에 품고 사는 사람들이 밝은 사회를 형성하게 만드는 일등 功臣(공신)이라 할 수 있으며 인격에 날개를 다는 격이 된다. 반면에 자만심과 교만, 독선과 아집, 아는 체, 잘난 체, 있는 척 등 이런 좋지 않은 마음으로 살아가는 사람들은 인격을 스스로 깎아내리는 어리석은 사람이 된다.

"마음이 바르면 일을 투명하고 공정하게 하지만, 마음이 바르지 못하면 일을 함에 있어서 사욕을 채우려고 남의 눈을 속이려 든다."

마음 바쳐 충성

권력형성의 구조적인 단체에서 자기의 능력을 인정해 주고 자기를 사랑해 주는 상관을 위해서 신의를 지키며 마음 바쳐 충성하는 마음은 미래의 희망에 불을 밝히는 것과 같아서 아주 나쁜 상관이 아니라면 누구나 다 마음 바쳐 충성을 하게 된다. 이럴 경우 자기 처신의 행동을 극히 조심해야 한다. 자칫하면 같은 동료들에 의해 배척당하는 일을 겪게 될 수도 있다.

"상관의 사랑을 받는 부하가 되는 것도 쉬운 일이 아니다."

작심 3일

금연이나 금주 같은 어떤 것의 목적을 성취하기 위해서는 같이 지내는 동료들 앞에서 화끈한 맹세를 하라. 마음속에 혼자 맹세하는 것은 작심 3일의 공염불이 될 확률이 높다.

"작심 3일 맹세가 될 바에는 맹세를 하지 않는 게 낫다."

* 화끈한 맹세 : 맹세를 어길 경우 전 동료들에게 술이나 식사 대접을 하겠다든지, 엉덩이에 야구 방망이 빳다를 여러 대 맞겠다든지, 청소를 한 달 동안 한다든지 등등

품앗이

품앗이는 힘든 농사일에 마을 사람들이 함께 협력하여 이집 저집 농사일에 노동을 제공하며 자기 집의 농사일에도 함께하는 것을 말하는 것으로, 시작이 있으면 결실을 생각하게 하고, 결실을 보기 위해서는 시간적으로 맞는 진전이 있어야 하고, 진전은 성공의 결실을 원하게 된다. 고되고 힘든 일을 혼자서 한다는 것은 괴로움이다. 이 괴로운 노동을 기쁜 마음으로 할 수 있게 하는 것이 바로 품앗이이다. 이처럼 협력하는 방법으로 힘든 일을 함께 나누어서 일을 하게 되면 효과적인 결과를 얻을 수 있다.

"함께 나누는 것은 행복이다."

좋은 인연 맺기

착하고 좋은 사람들을 만나서 가까운 사이나 벗으로 알고 지내기를 바란다면, 먼저 당신 스스로 착하고 좋은 사람으로 변해 있어야 한다. 대인관계에서 접근하는 방법은 마음에 허위가 없으면 진실한 마음이 우러나올 것이요, 진실한 마음은 솔직한 표현을 하게 된다. 그리고 솔직한 표현을 하게 되면 말이 막힘이 없고, 주고받는 대화가 길어지면 자연히 사이가 돈독해질 수 있다.

"좋은 사람들과의 인연관계는 당신의 행복이 된다."

잔머리 굴리지 말라

정당하지 못한 부정한 방법의 일로 금전이나 재물을 취득하려는 잔머리는 굴리지 마라. 사람의 품격이 떨어질뿐더러 신뢰와 신용까지 잃을 수도 있다. 잔머리 굴리는 자체가 '나는 돈의 노예이다.'라고 선포하는 것이나 같다. 이는 자기의 마음이 지저분해져 가는 길이 될 뿐이다.

"잔머리 굴려서 큰 부자로 사는 사람은 없다."

사람 사귀기

자기와 같은 공통점을 지닌 사람과 같은 뜻을 지닌 사람을 만나 알고 지내는 사이가 된다면 큰 행복 속에 빠져들 수 있겠지만, 자기의 뜻에 맞는 사람 만나기는 쉽지 않은 일이다. 자기 위주에 맞는 사람은 아닐지라도 착하고 좋은 사람이면 만나서 사귀어보라. 이해심이 많은 좋은 사람이라면, 공통점이나 같은 뜻을 지닌 사람이 아니어도 당신의 뜻에 맞는 행동을 맞춰서 하게 될 것이다.

"당신 위주에서 뜻에 맞는 사람을 만났다 해도 그 사람 입장에서는 아닐 수도 있다."

마음의 안식처

당신을 이해하는 사람이 많아지도록 노력하며 살아라. 이것은 곧 인생의 여정에 당신 마음의 안식처가 되기 때문이다.

"마음의 안식처가 많은 사람은 늘 행복한 걸음을 걷게 된다."

자기 겉모습

자기 얼굴이나 외양 모습에 상당한 자신감을 갖고 있는 사람들은 남에게 고의적인 피해를 줄 확률이 높은 편에 속한다. 하여 잘생긴 얼굴에 반하거나 현혹되지 말고, 그 사람의 마음상태를 먼저 파악할 줄 알아야 한다. 사람이 살아가는 모든 것의 실체는 마음이요, 이 마음이 맞는 사람들과 가까이하여 함께 더불어서 살아간다면 큰 축복이 되는 것이다. 축복이란 좋은 선물을 받는 기분이랑 같다.

"잘생긴 얼굴이나 못생긴 얼굴이나 본래 뿌리는 하나다. 잘생겨 봤자 인기나 좀 뜯어먹고 살겠지만 마음이 고약하면 아무짝에도 쓸모없다."

惡(악)한 사람

악한 마음을 지닌 고약한 사람은 가만히 있어도 저절로 표시가 난다. 꽃향기보다 더 멀리 퍼져나가는 것이 시궁창 썩는 악취의 맥락과 같은 것이다. 이런 고약한 사람이 주변에 살게 되면 아예 상종 자체를 하지 말라. 당신 마음의 평화를 위해서이다.

"악만 지닌 사람과 가까운 사이라면 당신의 인생은 개차반이 된다."

정성의 대인관계

가장 호감이 가는 사람으로 남고 싶고, 가장 친근감을 받는, 빛이 나는 사람으로 존재하기를 바란다면 인맥이 형성된 사람들 모두에게 혼신의 노력을 기울이는 정성으로 사람들을 대하라. 정성이란 神(신)도 감동을 하기 때문이다.

"정성이 깃들어 있는 人情(인정)의 선물을 싫어하는 사람은 단 한명도 없다."

僞善(위선)떨지 말라

성격이 별로 착하지도 않으면서 착한 일 한 번 했다고 생색을 내는 것은 僞善떠는 짓이며, 마음이 가식에 찌든 교만심으로 얼룩지게 된다. 설령 칭찬 몇 마디 듣는다고 당신의 인생 자체가 크게 달라지지 않는다. 의로움과 정의에 대한 올바른 개념이 부족하면 언젠가는 주변 사람들에게 피해를 주는 사람으로 변하게 된다.

"당신에 대한 평가는 계속적으로 스스로 잘할 때, 사람들이 좋게 보는 것이다."

격상된 호칭

대인관계에서 직업별 사람들에 대한 듣기 좋은 격상된 호칭은 직업에 대한 자부심을 갖게 하고, 능률적인 사람으로 변하게 한다. 이는 사회 발전을 위해서도 좋은 일이며, 격상된 호칭을 듣는 당사자들도 건전한 의식 체계를 수립할 수 있게 한다.

"격상된 호칭 하나 불러주는 데 힘 드는 일 전혀 없고, 돈 들어갈 일도 전혀 없다."

쓸모없는 사람

이 세상에 태어난 사람치고 쓸모없는 사람은 없다. 모두 다 쓸모 있는 사람들이지만 살아가는 환경의 분위기 때문에 어쩔 수 없이 쓸모없는 인간이 생기기도 한다. 쓸모없는 사람이란, 고의적인 악행으로 다른 사람들에게 큰 피해를 주는 사람이다. 그래서 다른 사람들과 더불어서 살아가는 방법을 일찍 터득해야 하는 것이다. 더불어서 살아가는 것은 바로 사랑이기 때문이다.

"나와 너 다들 하나 같이 사랑받고, 사랑하기 위해서 태어나서 존재하는 것이다."

자기를 불러주는 사람

지속적으로 일을 주기 위해 자기를 불러주는 사람이 있거나 함께 즐거운 시간을 보내기 위하여 불러주는 사람이 있다면 당신은 이미 신뢰가 형성된 사람이며, 이런 좋은 유대관계는 서로간의 사회적 행복이 된다.

"사람과 사람 사이의 친밀함은 첫째도 신뢰와 책임, 둘째도 신뢰와 책임이다."

돕는 사람

열심히 살고자 하는, 형편이 어려운 사람에게는 당신이 도와줄 수 있는 능력만큼이라도 도울 수 있으면 도와줘라. 이는 당신의 죄업을 지우는 덕을 쌓는 일이며, 더불어서 살아간다는 의미와 가슴 벅찬 행복이 되기 때문이다.

"도와줄 수 있는 여력이 충분한데도 도와주지 않으면 당신은 돼지와 다를 바 없다."

믿음의 假飾(가식)

맹목적으로 과신하는 믿음이나, 생각하고 믿는 믿음이나, 믿음에 의해서 발생하는 배신감은 마음의 상처가 된다. 이 믿음에 의한 배신감은 자기를 假飾의 틀에 가두게 만드는 요인이며, 진실한 마음을 소멸하게 만들기도 한다.

"신뢰의 믿음을 바치는 행위는 쉽게 행하여서 내어주는 것이 아니다."

불량한 사람 안 되기

대인관계에서 불량한 사람으로 낙인이 찍히면 자기 인생을 살아가는 데 있어서 적잖이 곤혹스러울 때가 많이 발생하게 된다. 한 번 살다 갈 인생인데 다른 사람들의 비난소리는 듣지 않고 살아가야 한다. 하여 사람은 자고로 사람이면 사람답게 살아가는 법을 알아야 하는 것이다. 이를 위해서는 사람이 지녀야 할 기본 덕목은 꼭 알고 살아가야 한다.

"불손한 사람의 인생은 내일 끝이 날 수도 있는 것이다."

이해 안 되는 사람

이 사람 저 사람 부딪히며 살다 보면, 상식적으로 이해 안 가는 사람이 자기 주변에 있을 수도 있다. 상식적으로 이해가 안 되는 사람이 있다면 애써 더불어서 살려고 마음을 먹지 말라. 그냥 못 본 척 거리를 두고 살아가라. 가까이 하게 되면 당신의 인생이 피곤해질 따름이다.

"가까이할 수 있는 좋은 사람이 필요하다면 직접 좋은 사람을 찾아 나서라."

칭찬의 말

그 누군가에게 칭찬의 말을 해 준다는 것은 사랑하는 마음의 표시이며, 친밀함을 유지하려는 의미가 된다. 때문에 정말로 사랑하고 좋아하는 사람이라면 그 사람의 생활을 자세히 알 필요가 있으며, 이 과정에서 그 사람이 듣고 싶어 하는 칭찬의 말을 찾아낼 수가 있다. 듣고 싶어 하는 칭찬의 말을 해 주게 되면 당신의 이미지가 급상승하게 된다.

"남녀 간 애정의 사랑에서 이런 칭찬은 구름을 타고 가는 기분이 들게 할 것이다."

까칠한 사람 대할 때

까칠한 사람임을 알고 술이나 식사를 하기 위해서 함께 시간을 보내게 될 때, 쓸데없는 말을 많이 하지 말라. 까칠한 사람들의 생활 기준은 돈이 많고 적음으로 사람을 평가하기 때문에 생각이 깊지 못하고 이해심도 부족하며, 배려와 사랑이 부족하여 말꼬리 한 번 잡게 되면 소란스러운 분란만 발생하게 된다.

"까칠한 사람들은 인생의 반 이상을 돈의 노예로 살아가는 사람들이라는 것을 알아야 한다."

뼈대 있는 말

일대 일, 또는 여러 명이 모인 곳에서 불필요한 말들을 많이 하지 말라. 말이 적고 듣는 것이 많으면 생각은 깊어지고 마음은 더 커지는 법이며, 말로 인한 실수를 하지 않게 된다. 말 중에는 말이 되는 말이 있고, 말이 안 되는 말이 있듯이 한 번 뱉은 말은 자기의 날개가 될 수도 있고, 스스로 걸려드는 올가미가 될 수도 있다. 말에 의하여 자기의 인격수준이 나타나기 때문에 말을 꼭 해야 할 상황이라면 요점의 뼈대 있는 말만 간단하게 하라.

"말이 많게 되면 꼭 禍(화)가 발생한다."

話術(화술)의 여파

화술은 의도된 방향으로 잘 끌고 가야 탈이 없는데, 말이라는 자체가 그렇게 간단하지가 않다. 말을 하는 사람들은 말의 진의를 분명히 하여야 하며, 신중하지 못한 화술은 아니한 만 못하다. 평소에 말이 많은 사람들은 마음의 눈으로 사물을 보는 법을 잘 모르며, 가끔씩은 거짓말도 섞어가며 말을 하는 경우도 있다. 그러므로 말을 많이 한다고 잘 난 사람이 아니며, 화술도 훌륭하게 피력할 수가 없다.

"말을 할 때에는 요점만 간단하게 하고 말아야 한다."

피해의식 가진 사람

피해의식을 갖고 살아가고 있는 사람들은 올바른 정신의 의식을 가지고 있는 사람들이 거의 없다. 그렇다고 남들에게 피해를 주는 사람으로 살아가지는 않겠지만, 본인이 무시당하거나 자존심 상하는 상태가 되면 건방진 말과 행동을 함부로 하는 사람으로 변하기도 하며, 가끔은 아주 큰 싸움으로 번지는 경우도 있다. 대인관계에서 이런 사람들을 대면할 경우 서로 보듬어줄 줄 아는 마음으로 대하여야 할 것이다.

"인간관계의 원활한 소통은 서로에게 있어서 좋은 상황으로 변하게 한다."

진실과 허위

진실한 사람은 남에게 허위의 마음으로 대하지 않게 되고, 자기가 관련된 모든 일은 자기의 책임이라고 여기게 된다. 그러나 마음에 허위가 있는 사람은 사람을 대하는 태도부터 건성으로 대하며, 거짓말을 밥 먹듯이 자주하는 버릇이 있다.

"진실과 허위는 사람을 좋은 사람과 나쁜 사람으로 구분 짓는 잣대가 된다."

소인배와 착한 사람

소인배의 사람들은 친절할 줄 모르며, 자기 위주의 자기만족적인 생활로 인하여 인격의 품위도 없다. 자기보다 힘센 사람 앞에서는 아양을 떨고, 만만하게 보이는 착한 사람 앞에 가서는 괜히 심술을 부리는 성향이 있다. 그러나 착한 사람이 성질이 폭발하게 되면 그 어느 누구보다도 더 무서운 사람이 된다는 것을 모르고 있기 때문에 찝쩍대어 보는 것이다.

"착한 사람을 괴롭히면 한 순간에 맞아 죽는 수가 있다."

약속 이행

사소한 약속이라도 약속 이행을 철저하게 잘 지키는 사람은 겸손함과 이해심과 사랑함과 감사함과 같은 인본주의의 인격이 총체적으로 어우러진 착한 마음에 바탕을 이루고 있는 사람이다. 이는 부처님의 대자대비하신 마음과 같은 것이다.

"지린 똥도 똥이다. 이와 같이 비중이 아주 미미한 사소한 약속도 약속이다."

所聞(소문)을 경계

여럿이 모인 자리에서 가끔 이상한 所聞을 들을 때가 있다. 나쁜 소식 같은 것이라면 '아하 그런 일이' 하면서 넘어갈 수 있는데, 대박이 난다는 소문을 듣게 되면 올바른 정신의 의식이 고취되어 있지 않은 사람들은 그 소문에 말려들어 가게 된다. 하여 왕창 손해를 보는 일을 당하게 될 수도 있으므로 정확한 확인이 되기까지 경계할 줄 알아야 한다.

"소문을 경계할 줄 알아야 사회악의 피해자가 되지 않고 자기의 바른 인생을 엮어갈 수 있다."

본능 의존 생활

이성적인 생각에 의한 생활의 행동보다 본능에 의하여 생각도 없이 행동부터 하는 사람들은 사회악의 구성원이 되는 것이다. 오로지 자기 기분대로 살아가는 것을 소중하게 여길 뿐이어서 다른 사람들에 대한 예의가 없이 살아가게 될 뿐이다.

"걸레인생, 벌레인생이 되지 않으려면, 생각부터 잘하고 행동하여야 한다."

자기를 소중하게

당신의 존재 가치는 사랑받기 위해 태어났으며, 또 사랑하기 위해서 태어났다. 그래서 당신의 존재 가치는 정말로 소중한 존재인 것이다. 이런 소중한 당신이 다른 사람들에게 푸대접을 받는 행동을 하면 안 되는 것이며, 한 번 살다가는 인생 이왕이면 좋은 소리 많이 듣고 존경받는 사람으로 살아가야 세상에 태어난 보답이 되는 것이다.

"자기 행동 잘하고 다니면 다른 사람으로부터 비난받을 일이 전혀 없게 된다."

바둑 훈수

마을 안에서 아는 사람들이 모여서 장기나 바둑을 둘 때, 아무데나 끼어서 훈수를 하지 말라. 착한 사람이라고 평이 나 있는 사람들의 게임에 대한 훈수는 함께 즐거운 웃음의 잔치가 되겠지만, 성격이 안 좋은 사람의 게임에는 훈수하지 말고 그냥 관전만 하든지, 아니면 그 자리를 떠나라. 성질깨나 있는 사람의 바둑게임에 대한 훈수는 귀싸대기 맞을 짓만 된다.

"사람이 끼어드는 자리도 가려가면서 끼어들어야 한다."

H. 삶의 생활

H. 삶의 생활

참다운 삶

참다운 삶이란 남에게 피해를 주지 않으면서 자기 양심을 지키고 사랑과 행복, 기쁨과 즐거움을 위한 노력으로 다른 사람들과 상생을 위한 삶을 살며, 어려운 상황이 닥쳐와도 희망을 가지고 꿋꿋한 마음으로 살아갈 수 있는 삶이어야 한다.

"항상 모든 일에 정성의 노력으로 삶을 살라. 정성은 神(신)이 좋아하는 향수와 같은 것이다."

진실한 삶

마음에 허위가 없이 진실한 마음으로 생활을 하며 자기가 가는 곳마다 정직한 마음으로 표현하고 사는 것이 진실한 삶이다. 자기가 하는 일이 잘못되었을 때는 책임의 소재를 따지지 않고 모두 자기 책임으로 여길 줄 아는 삶, 그것이 진실한 삶이 된다.

"하고 있는 모든 일에 정직하면 마음이 울어야 하는 일은 없다."

동기에 의한 삶

두뇌가 총명한 사람은 걱정이 그칠 새가 없는 삶을 살게 되고, 손재주가 뛰어난 사람은 항상 고달프고 힘든 삶을 살게 되고, 무능한 사람은 구하는 바가 별로 없으니 자기 배만 부르면 만족하며 산다.

"머리 좋은 사람이 손재주도 좋은 법이다. 다른 사람들보다 더 움직이며 산다는 것이 힘은 들지만 경제적인 富(부)는 이루어 놓고 살게 된다."

산다는 것

산다는 것은 어떤 뚜렷한 목적이라기보다는 맡은 일과 넓은 사랑, 행복에 의한 즐길 줄 아는 마음을 유지하고, 다른 사람들과의 소통과 어울림에 자기를 소속시키는 것이며, 행복을 잃지 않기 위한 끊임없는 자기 노력의 행위가 이어가도록 하는 것이다.

"인생을 살아가면서 먹고 살기 위해서 일을 하고, 일을 하기 위해서 노력하는 것만이 사는 것의 의미는 아니다."

물의 순리대로 사는 삶

이런저런 욕심 없이 자기의 능력만큼 힘을 발휘하고, 어디서나 항상 낮은 자세로 세상에 임하고, 필요한 곳에 이로움을 주고, 더러운 것도 받아들일 줄 아는 포용심이 있고, 생명이 다하였을 때는 맑은 영혼이 되어 승천하고, 인생을 살아가는 동안에는 욕심 없이 사는 정직한 마음으로 세상을 살며, 지향하는 인생의 목표를 향해 여기저기 줄기에서 나오는 힘들을 합치는 노력에 의해 시대에 따라 흘러가며 큰 강물 같은 존재가 되어 가는 것이 물의 순리대로 사는 삶이다.

"물의 논리는 外柔內剛(외유내강) 그 자체이다. 외유내강한 사람은 결코 자기를 내세우지 않는다."

가장 잘 사는 길

자기가 노력해서 얻는 수확의 양에서 도리와 분수와 건강을 지키고, 세상을 아름답게 사랑하는 마음과 더불어서 살아가는 다른 사람들에 대한 넓은 포용심의 표현 그리고 모든 상황의 일에 걸림이 없는 자유로운 사람으로 여유롭고 마음이 편안하면 그게 가장 잘사는 길이다.

"가장 잘 살려고 하지 말라. 사람다운 사람으로 살아가는 것만으로도 잘 사는 것이다."

사는 것의 목적

사람이라면 사람다운 사람으로 세상을 살아가는 것이 목적이다. 사람답게 살아야 세상의 발전이 있고, 사랑이 곳곳에 충만하고, 사랑의 힘은 나와 너, 우리 모두 다함께 전 인류를 위한 행보의 길이 된다. 세상에 태어난 것에 보답하는 행위가 사는 것의 목적이 되는 것이다.

"사는 것의 목적이 뭔지 몰라도 사람답게만이라도 살아가라. 그러면 세상에 진 빚을 갚아나가는 것이 된다."

무욕의 삶

모든 것에서 욕심의 집착을 끊어버리면 물질에 대한 애착이 없어지고 마음이 평온해지며 삶과 죽음에 연연하지 않는 진정한 자유를 느끼게 된다. 욕심이 없는 삶은 이권다툼 행위에 휘말릴 수 있는 길이 없으니 마음은 평온하게 유지되는 것이다.

"마음이 평온하면 병마가 몸에 쉽게 들어오지 못하고, 몸에 지니고 있는 병도 낫게 하는 지름길이 된다."

어리석은 삶

자기의 운명을 좋은 쪽으로 스스로 바꾸어 살아가겠다는 생각도 없이 그냥 부딪히는 대로 살아가는 것은 재물을 많이 가졌든 적게 가졌든, 잘 배웠든 못 배웠든 상관없이 자기 인격을 생각할 줄 모르는 어리석은 삶을 살게 된다.

"어리석은 사람으로 인생을 살아가면 인격과는 담을 쌓고 이미 물 건너간 셈이 된다."

일상생활

마음이나, 시간이나, 금전적으로 여유가 없는 일상생활에서 벗어나지 못함을 탓하지 말고 즐거운 마음으로 일탈의 여유를 누려보겠다는 생각으로 노력하며 살라. 그 생각 속에서 마음의 성장이 있고, 자기를 발전시키는 계기가 될 수도 있다.

"사는 것의 모든 실체는 마음이다. 당신이 발전하려면 생각을 긍정적으로 전환하라."

삶의 이해

사람은 살아나가면서 무수히 많은 상황의 이해관계를 정리하고 받아들이고 하는 경험을 겪게 되는 입장에 놓이게 된다. 어떤 상황이든 좋은 쪽으로 이해를 하는 습관을 들이면 자기 인생을 좋은 쪽의 운명으로 살아가게 될 것이며, 나쁜 쪽으로 이해를 몰아가는 습관이 들면 인생은 나쁜 운명 쪽으로 흐르게 된다. 생각과 이해를 어떻게 하든 일단 좋은 방면으로 끌고 나갈 수 있는 역량을 갖추고 노력하며 살라.

"긍정적인 사고방식은 위대함의 길이 되고, 부정적인 사고방식은 새옹지마의 늪에 빠져드는 길이 된다."

삶의 결정

자기만족을 위해서 자기 삶의 목표를 향해 부단히 노력하면서 생동감의 표현으로 살아가야 하며, 자기에게 있는 것과 없는 것이 무엇인지 알고 삶의 방향을 결정짓고 살아가야 좋은 결실이 있게 된다.

"有我無蛙 人生之限(유아무와 인생지한) – 나의 능력은 충분히 되는데,

상부에 뇌물로 바칠 개구리가 없어서 출세를 못하게 되니 그것이 인생의 한이 된다. 세상이 고약하니 자기에게 있는 것 가지고 잘되는 길을 열어가라."

성공한 삶

자기의 능력으로 공부를 열심히 하여 사회적인 높은 위치의 자리에 직위를 얻고, 또 여기에서 일을 남들보다 더 잘하게 되면 자연히 돈도 많이 벌고, 덕망도 있고, 명예도 얻게 된다. 이러한 노력의 능력으로 富(부)를 이뤄 살면 성공한 인생이라 한다.

"성공한 인생이라고 사람까지 좋아지라는 법은 없다. 성공한 사람들 중에는 큰 도둑질한 사람도 있다."

삶에 필요한 것

자기 인생을 잘 살아가려면 사물에 대해서 자세히 뜯어보고, 신중하게 생각하고, 올바르게 깨우치는 것 등 이 세 가지만큼은 삶을 사는 사람이라면 꼭 필요한 것이다.

"삶의 뜻에 의미가 없는 사람들에게는 아무리 좋은 말도 소귀에 경 읽기다."

인생은 이런 것

인생은 쉬어가는 쉼표가 있어야 하고, 감성의 이해가 있는 느낌표가 있어야 하고, 풀리지 않는 답을 얻기 위한 물음표가 있어야 하고, 역동적인 감동의 감탄사가 있어야 한다. 인생은 이런 것이다. 먹고 살기 위해 고된 삶을 사는 게 아닌 것이다.

"살기 위해서 일을 해야 하고, 일하기 위해서 먹어야 하고, 먹기 위해서 일을 해야 하고, 이런 것이 인생이 아님을 알라."

미신 믿는 사람들

사주, 팔자, 관상, 운수, 주역 같은 미신을 믿는 사람들은 자기에게 주어진 운명을 더 나쁘게 만드는 사람들이다. 이런 사람들이 일을 하다가 사고를 당하면 첫 마디가 '누구 때문에 이렇게 되었다.' 한다. 절대로 자기 탓이라고 여기지 않는다. 때문에 좋은 운명으로 살아갈 수 없게 되는 것이다.

"미신을 믿는 사람들은 어리석은 사람들이다. 아무런 효험도 없는 종이 쪼가리 부적에 비싼 돈을 들이댄다."

생활리듬

생체 바이오리듬은 출생일로부터 시작하여 죽는 순간까지 일정한 간격의 높낮이로 파도형태로 지나간다는 학술이 있지만 신빙성이 없어서 무시해도 된다. 그러나 변하기 쉬운 생활리듬은 한 번 흐트러지면 좋은 삶을 이어가기 쉽지 않다. 생활리듬을 잘 유지하려면 우선 마음이 밝아야 한다. 밝은 마음은 여유로움이요, 행복이요, 평화로움이다. 그리고 다른 사람들의 심기를 건드리지 않는 아름다움이다. 때문에 다른 사람과의 마찰로 인하여 파괴될 수 있는 생활리듬을 잘 유지할 수 있게 된다.

"트로트 뽕짝 리듬이라도 좋다. 자기생활리듬을 깨뜨리지 않고 살아갈 수 있음은 큰 축복이 되는 것이다."

생동감의 인생

인생을 생각하면 별의 별게 다 생각나겠지만 최우선적인 것이 건강이다. 건강보다 더 좋은 답은 없다. 건강한 몸은 모든 일을 다 해낼 수 있는 능력이다. 건강하게 움직이는 삶의 행동은 생동감이 넘치는 힘의 아름다움이다.

"고여 있는 물에 사는 잉어보다 폭포수를 헤치면서 올라가는 연어가 더 경이롭게 보이는 것은 생동감의 아름다움 때문이다."

운명을 개척하라

생각이 있어서 스스로 잘 깨우치거나 부모교육을 잘 받은 사람들은 좋은 운명의 삶을 살게 되고, 생각이 없어서 깨우치지 못하거나 부모교육을 잘 받지 못한 사람들은 나쁜 운명의 삶을 살게 된다. 나쁜 운명의 삶을 살아가야 하는 사람들은 자기반성을 통해서 깨우침을 얻으면 이때부터 생각이 있는 삶을 살아가게 될 것이며, 좋은 운명으로 개척하여 살 수 있게 된다.

"'이것이 너의 운명이다.' 하고 정해진 운명은 없다. 자기의 운명은 자기가 하기 나름인 것으로 좋은 운명으로 개척해서 살아야 한다."

茶(차)

일상생활에서 茶를 즐겨 마셔라. 茶는 사람의 기운을 돋게 하고, 면역력 강화와 정신을 맑게 해 주는 역할을 한다. 그리고 茶에 대한 예법을 알게 되면 자연히 아름다운 향기가 나는 사람으로 변하게 된다.

"차는 특별한 경우에만 마시는 것으로 여기지 말고 준비를 하여 매일 마시는 습관을 들여라. 귀찮아서 하기 싫으면 보리차라도 끓여서 매일 5잔 이상 섭취하게 되면 소화 기능까지 좋아진다."

죄악

죄악이란 죄의 업을 쌓게 되는 것을 말한다. 죄의 업을 만들지 않기 위해서는 모름지기 배워야 하고, 배워서 아는 것은 의로운 목적에 맞게 쓸 줄 알아야 한다. 배워서 아는 것을 나쁜 목적으로 쓰는 것도 죄악이다.

"너무 잘 배워서 죄악이 되는 경우도 있으니 좀 배웠다고 거들먹거리는 못난 사람은 되지 말라."

오욕칠정

사람이라면 오욕칠정에 의한 삶을 살게 되는데, 오욕칠정에서 벗어나지 못하고 밀착되어 살아가는 삶은 나쁜 운명을 짊어지고 살아가는 것이다. 좋은 운명으로 삶을 살아가려 한다면, 오욕칠정에서 멀어지는 법을 알아야 하며, 그러기 위해서는 밝은 혜안으로 돌아가는 세상의 이치를 잘 깨달아야 하는 것이다.

"오욕칠정에서 완전히 멀어지면 사는 맛이 전혀 없다. 그러나 오욕칠정에 밀착하여 살지는 말라."

* 오욕 : 재물욕, 성욕, 식욕, 수면욕, 명예욕(명예는 욕심으로 얻어지는 것이 아니다)

* 칠정 : 기쁨과 노여움, 사랑과 미움, 두려움과 슬픔, 모든 욕심

악순환

인생의 삶을 살아가면서 발생할 수 있는 실수에 의한 잘못된 일을 바로잡으려는 노력이 없다면 악순환의 열차를 타게 된다. 이 악순환의 열차는 당신의 인생을 걸레인생으로 만드는 공장으로 싣고 간다.

"음주운전, 고금리 대출, 과격한 폭행 등 이런 잘못된 생활습성을 스스로 고치지 않으면 고쳐지지 않는 것들이다."

흥미로운 것

사회생활을 해 나가다 보면 흥미가 있어 보이는 것에 마음이 빠져들게 된다. 빠져들수록 그 범위의 규모는 점점 더 커지는 성질이 있다. 흥미 있는 것이 아니면 쉽게 그만둘 수 있지만 흥미가 있는 것은 당신을 사로잡는 오랏줄과 같다.

"처음 보게 되는 것들은 모두 신기하고 흥미롭게 보인다. 그러나 인생의 삶은 흥미로 사는 것이 아님을 알아야 한다."

좋은 생각은 지혜

시행착오가 있듯이 처음부터 완벽한 것은 없다. 생각에 생각을 거듭할수록 좋은 생각이 되고, 좋은 생각은 지혜가 된다. 지혜로운 생각은 모든 사람들을 편리하게 생활할 수 있도록 도움을 준다. 기술도 지혜가 되면 더 좋은 기술로 변화하게 된다.

"사람이 시대에 맞게 진화해 왔듯이 생각에도 진화하는 성질이 있다."

기본에 충실

아무리 어렵고 난해한 기술이라도 기본의 기초기술을 무시하진 못한다. 사람이 하는 일도 이와 같아서 무엇이든 기본에 충실한 사람이 큰일도 능히 해낼 수 있다.

"기본의 충실함은 모든 고난도 예술의 바탕이 된다."

수명 연장

규칙적인 생활로 부지런히 움직이며 사는 사람의 생존수명은 길어지고 건강도 유지된다. 기계는 사용하면 할수록 마모되지만 사람은 움직이면 움직일수록 더 생생하게 건강이 유지된다. 신체가 건강하면 수명은 자동으로 연장 되는 것이다. 오늘 100계단을 올랐다면 당신의 수명은 1,400초 늘어난 셈이다. 적당한 운동으로도 수명을 연장할 수 있다. 하루에 1만 보 이상 걷는 것을 꾸준히 하면 몸의 신진대사가 원활해져서 수명은 더 길어진다.

"수명연장 운동법에는 무리 없이 걷는 운동보다 더 좋은 운동은 없다."

배움의 자세

배워서 알게 되면 상호 소통의 다리 역할이 되고, 희망이 잘 이루어지게 하는 거름이 된다. 무턱대고 배우는 것은 소용이 없고, 배울 때는 확고한 생각을 하고 배워야 한다. 이는 어둡고 위태로운 길을 가지 않기 위함이다. 그리고 배움이 많으면 삶의 질이 좋아지거나 높일 수 있고, 배움이 적으면 삶의 질은 나빠진다.

"전문지식만 쌓는 공부만 하게 되면 삶의 질을 떠나서 인간성이 더러워질 수 있다."

꾸며가는 삶

헛되이 보내는 인생보다는 자기의 인생을 진실하고 아름답게 감성이 풍부하도록 좋게 꾸며갈 수 있는 마음을 가지고 살아야 한다. 이는 당신의 인생이 벌레인생이 되지 않기 위한, 행복을 잃지 않는 길이 되기 때문이다.

"순수하게 자기의 열정과 정성으로 자기의 인생을 곱게 꾸며가는 인생은 좋은 인생의 길이 된다."

행하지 말라

세상사 모든 일에는 제대로 잘할 수 있는 수칙과 규정이 있는 법인데 모르면서 함부로 일을 행하지 말라. 올바른 계획 없이 행하게 되면 일이 잘못될 수밖에 없고, 가슴에 쓰라린 아픈 상처만 남게 된다.

"계획대로 움직이는 마음의 아량이 없다면 무엇의 어떤 일을 하든 잘못될 수밖에 없다."

믿음의 강요

믿고 안 믿고 하는 것은 스스로 결정하는 문제다. 살다보면 이런 상황, 저런 상황이고 간에 그것에 대한 믿음을 강요받는 것은 사기행각이라고 생각해야 한다. 진실한 것은 믿음을 강요하지 않는다.

"입에 침이 마르도록 믿음을 강요하는 사람들은 자기 밥줄을 만들기 위해 삐딱한 흑심을 숨기고 살아가고 있다는 것임을 알아야 한다."

유종의 미

어떤 일이든지 시작을 하면 끝이 있다. 끝마무리를 아름답게 장식하려면 일에 정성을 들여야 한다. 그리고 확고한 책임의식을 가지고 있어야 한다. 자기 업의 돈을 벌든, 남의 밑에 가서 돈을 벌든 자기 일처럼 여기고 정성을 들여 일을 하는 자세가 되어야 유종의 미를 거둘 수 있다.

"모든 일을 자기의 일처럼 여기고 일을 하는 사람이라면 세상의 당당한 주인으로 인생을 살아갈 수 있다."

자기반성

좋은 인생으로 생활을 하고자 한다면 그동안 살아오면서 있었던 잘못된 삶의 자기반성이 있어야 한다. 자기반성이 없는 사람들은 자기를 사랑하지 않는 사람이며 이 세상을 살아가더라도 온갖 비바람 다 맞고 살아가게 된다. 사람답게 살아가려면 감사하는 마음과 예의, 사랑과 가정의 화목도 중요하지만 자기반성의 습관화가 더 중요하다. 평온하고 순탄한 운명으로 인생을 살고자 한다면 자기반성은 필수 선택 사항이다.

"진실로 자기반성을 한 사람들은 인의지예를 저절로 알게 된다."

仁(인), 義(의), 知(지), 禮(예)

인의지예는 인간이 지니고 살아가야 하는 필수 덕목이다. 이는 인간을 이루는 근본이기 때문이다. 이를 모르고 살게 되면 사람이 불량하거나 나쁜 사람으로 살아가게 된다. 인간을 이루는 근본이자 생활 처세의 근본이 되는 인의지예는 반드시 숙지하고 인생을 살아가야 한다.

"인의지예를 모르고 함부로 살아가게 되면 언제 어디서 누구한테 맞아 죽을 일이 생길 수도 있다."

독서

책을 읽는 것은 작가의 정신세계를 이어받아 자기의 영혼을 살찌우게 하는 것이다. 그러므로 좋은 책을 많이 읽어둬야 한다. 독서의 습관화는 마음이 성장하고 영혼의 힘을 키우고 사람답게 살기 위한 시간을 단축하는 효과가 있다.

"사람으로 살아가는 인생인데 이왕이면 머릿속에 똥은 씻어내고 좋은 생각을 담아 살아가야 한다."

부지런히 살기

하고 있는 일이 있으나, 없으나 일찍 자고 일찍 일어나는 습관을 들여라. 이는 부지런하게 살기 위한 첫 번째 조건이다. 날아다니는 새들은 비축해 놓은 식량이 없어도 부지런해서 먹고 산다. 해만 지면 모두 둥지로 돌아가 잠을 자고, 이른 새벽이면 다시 부지런해진다.

"시간개념이 없는 새들이 규칙적으로 부지런히 사는 것을 보면 게으른 사람들보다 훨씬 낫다."

닮아가라

모르고 지내는 어떤 좋은 사람의 면면이 자기와 닮았거나 비슷하다면 친밀함이 더해지고, 행복한 어울림의 시작이 될 수 있다. 그 사람이 자기보다 더 향기롭고 훌륭한 면이 있다면 그 사람에게 배워서라도 그 사람을 닮아가라. 닮지 않은 다름의 좋은 면이 있다면 그 다름을 통해 즐거움의 재미를 찾는 것도 생활의 지혜가 된다.

"나쁜 것은 친구라도 배우지 말고, 좋은 것은 모르는 사람일지라도 붙들고 배워라."

게임

사람들이 너나없이 게임놀이를 좋아하는 것은 가치가 별로 없는 것인데도 일상적인 생활에서 얻지 못한 작은 기쁨을 성취하기 위함이며, 이로 인하여 게임중독성도 생겨난다. 중독성을 말하자면 나쁜 생활의 영위로 간다는 뜻이 된다.

"소소한 게임이라도 자주 즐기는 버릇을 들이면 나중에 도박게임으로 가게 된다."

인생을 위해

인생을 잘 살아가기 위해서는 다양하게 생각할 줄 아는 지혜와 자유로운 행동, 음미할 줄 아는 느낌, 사랑을 할 수 있는 행복함을 소중하게 여겨야 한다.

"지혜와 음미의 느낌, 행복은 모두 마음이 평온한 상태로 계속 이어가게 해 줄 희망의 유산 같은 것이다."

성격

성격과 인격은 정비례한다. 성격이 좋으면 인격은 상승하고, 성격이 나쁘면 인격은 하향한다. 성격은 생활에서 그냥 나타나는 것이기에 당신을 보는 다른 사람들이 당신의 성격과 인격점수를 파악할 수 있는 것이다.

"성격이 나쁜 상태로는 아무리 용을 써도 착하게 살아갈 수 없다. 그래서 성격부터 좋게 고쳐야 한다."

생활의 책임

사회생활을 해 나가면서 자기가 행하는 모든 일에 책임을 질 줄 아는 성숙한 마음이 없으면 죄악이 된다. 배움이 없는 것도 죄악이지만 책임을 회피하는 것도 죄악이다. 죄악이란 죄의 업을 쌓는 행위가 된다. 이는 나쁜 사람이 된다는 뜻이며, 나쁜 운명의 길로 살아간다는 말이 된다.

"당신이 하는 모든 일에 당신이 책임을 져야 한다는 것은, 당신이 이 세상에 존재하고 있기 때문이다. 존재하지 않는 당신이라면 책임을 질 일이 없다."

즐거움의 바탕

평범하게 사는 것에 길들여지지 말라. 당신만의 톡톡 튀는 색깔이 있다면 튀는 모습의 행동으로 살 줄 알아야 한다. 이것이 당신이 누릴 수 있는 즐거운 생활의 바탕이 되기 때문이다.

"사람은 스스로 잘 하려고 할 때 즐거운 행복을 만끽하게 된다."

첫 단추

'첫 단추를 잘 끼워라.' 하는 것은 옷을 바르게 잘 입기 위함이요, '첫발을 잘 내딛어라.' 하는 것은 힘찬 걸음이 되기 위함이다. 첫 단추와 첫발의 의미는 무슨 일을 하든, 일의 시작과 끝맺음까지 잘하라는 뜻이다.

"용두사미 같이 일을 하게 되면 당신의 존재 가치는 평생 뱀의 꼬리 같은 신세로 살아가게 된다."

때로는…

생활에 쫓겨 바삐 움직이며 살아간다 할지라도 때로는 고개를 들어 맑고 푸른 하늘을 올려다보라. 그리고 때로는 여유로운 마음으로 여행을 떠나보라. 맑고 푸른 빈 하늘을 보면 많은 생각을 그려 넣을 수 있고, 여유로운 마음의 여행은 사물을 통찰할 수 있는 기회가 된다.

"넓은 하늘에 어떤 마음의 그림을 그리느냐에 따라 당신의 마음에 환한 등불을 켜게 할 수도 있다."

똑같은 실수

사람은 실수가 잦은 동물이다. 그러나 통상적인 일이나 일반적인 생활에서 똑같은 실수를 반복한다는 것은 대상에 대한 일이나 생활에서 사랑하는 마음이 없는 것이다. 온전함을 다 하는 정성이 부족한 면도 있지만, 개념 없이 살아가고 있다는 표시임도 알아야 하다.

"생각이 없으면 개념이 없게 되고, 개념이 없으면 정성이 없게 되고, 정성이 없으면 실수로 이어진다."

웃음

하루에 열 번을 웃어도 횟수가 적다. 웃을 일이 없으면 혼자 만들어서라도 크게 웃는 것을 하루에 24번 이상은 채워라. 크게 웃는 것은 몸의 신진대사를 원활하게 해 준다. 웃음을 잃고 사는 사람은 즐거움이 없게 되고 삶의 의미가 퇴색되어 갈 뿐이다.

"스스로 만들어서 크게 웃는 웃음은, 웃음을 만들어내는 웃음 제조기가 된다."

희망의 목적

자기가 가진 희망에 대하여 격이 맞는 목적이 생겼다면 열정의 정성을 기하라. 정성이 없는 노력은 시행착오로 이어진다. 시행착오의 미흡함은 당당하지 못하게 얼굴을 겸연쩍게 만든다.

"잘 짜인 각본대로 정성을 쏟고 열정을 기하면 시행착오는 없게 된다."

인생길

인생길을 잘 가기 위해서는 낮은 자세의 마음으로 처신하여야 하며, 가까운 사람들이 있어야 하고, 남들과의 시비에 말려들지 않아야 하며, 배려하는 사랑의 마음으로 살아가야 한다. 희망의 꿈은 당신에게 합당한 아름다운 무지갯빛으로 간직하라.

"조건 없이 흘러가는 물처럼 살면 그게 제일 좋은 인생길이 된다."

헛살지 말라

재산이 아무리 많아도 죽고 나면 아무 소용이 없다. 살다가 죽게 되면 남는 건 이름뿐이다. 당신은 인생을 살아가면서 인격적인 그 무엇을 얼마나 남겼는가? 재산은 모으는 것이 아니고 빌려 쓰는 것이며, 재물의 여유분은 순환이 되어야 하는 것이다. 인격적인 것을 남겨두지 않은 인생은 헛살아가는 것이다.

"욕심이 많은 사람들은 자기 것을 조금이라도 손해 안 보려고 하는 마음이 강하다. 이런 사람들은 모두 모여서 끼리끼리 동물의 왕국을 세워 살아가야 하는 것이다. 동물로 살다가 죽게 되면 가죽이라도 남는다."

수확의 기쁨

씨앗을 뿌리지 않으면 수확의 즐거움을 누릴 수 없고, 노력을 하지 않으면 성취의 기쁨을 맛볼 수 없다. 인생은 씨 뿌리고 결실을 거두는 농사일과 같다.

"'일하지 않는 자는 먹지도 말라.' 하는 말이 그냥 있는 말이 아니다. 일을 통해서 인생의 의미를 깨달아야 한다는 말이다."

스스로 찾기

불안한 상태의 마음으로 있으면 불안한 일은 부르지 않아도 불식간에 찾아오게 되고, 행복한 일은 스스로 찾으려는 노력이 없으면 결코 자기를 찾아서 오는 행운은 없다. 하여 사람은 마음이 올바르지 않으면 불안한 존재가 되는 것이다.

"마음이 올바르고 사람이 정직하면, 불안한 일을 만들지 않기 때문에 불안한 마음이 들 이유가 없다."

제2의 도약

성공이라는 것은 목표의 끝이 아니다. 제2의 도약을 위한 발판이다. 인생은 과정에서 배우는 것이지 성공의 목표가 아님을 알아야 한다.

"단 한 번의 성공을 하기에도 어려운 것이 우리네 인생이다. 이런 만큼 자기의 인생을 소중하게 생각하지 않는 사람들이 많다는 것인데, 자기 인생에서 뭐든 한 개 정도는 성공시켜야 한다."

일과 돈은 얼이다

정당한 일을 열심히 하여 돈을 많이 버는 것은 어느 누구도 비난하지 않는다. 그러나 일을 하여 돈 버는 것을 즐거움으로 삼을지언정 돈에 집착하는 돈의 노예는 되지 말라. 돈의 노예가 되는 것은 당신을 추하게 하는 것이며, 옹졸한 사람으로 변하게 하는 것이다. 모아 놓은 돈의 여유분이 좀 되면 좋은 곳에 쓸 줄도 알아야 한다. 이는 바로 당신 얼굴에 빛나는 얼이 된다.

"자린고비, 구두쇠, 땡보 같은 사람들의 얼굴에는 빛나는 얼이 없고 이마에 주름만 잡혀 있다."

집착은 새옹지마

집착과 욕심에 의한 소유의 기쁨과 즐거움, 근심과 두려운 마음, 분노와 같은 불안정한 마음으로 인생을 살아가게 되면 새옹지마의 늪에서 허우적거리며 살아가게 된다. 상황 따라 움직이며 변하는 얄팍한 마음은 없게 만들어야 한다.

"마음을 비워 욕심이 없는 무욕의 삶으로 살고, 정중동의 평상심을 지키고 살면 나쁜 일에 접촉하지 않게 된다."

성취의 만족

추진하고 있었던 좋은 일의 끝맺음에서 일에 대한 만족의 성취감은 다른 사람들에게 칭찬을 듣는 일이 되고, 듣게 되는 칭찬은 자기 노력의 보람이 되는 것이다. 이는 자존감을 높게 만드는 것이며, 진취적인 삶의 동기부여가 된다. 인생을 엮어가는 데에는 좋은 일만 하면서 살아가야 한다.

"좋은 일의 끝맺음에서 만족의 성취감은 나쁜 일에 대해서는 생각조차 하지 않게 만든다."

죄악은 죄업

배우지 않거나 알지 못하고 행하는 것은 죄악이다. 배워서 올바른 행동을 하지 않는 것도 죄악이다. 이 죄악은 일회용이 아니어서 재차, 삼차 발생하게 된다. 하여 죄악의 횟수가 많아지는 만큼 죄업은 차곡차곡 쌓이게 되는 것이다. 업이란 자손대대로 갚아나가야 하는 것이다.

"아들의 입에서 부모에 대한 욕지거리 소리 나오지 않게 행동하고 살아가야 한다. 당신이 못난 행동을 하면 아들이 업을 짊어지게 된다."

뭘 알아야

사회나 국가나 어려운 사람들에게 혜택을 주는 복지정책이 있어도 몰라서 혜택을 못 받는 사람들이 의외로 많다. 정보의 끄나풀이라도 손에 쥘 수 있으면 살살 당겨보면 혜택을 받을 수 있는 길이 열리는데, 몰라서 신청을 못하는 것이다. 알지 못하는 것에 대해서는 그 아무것도 요구할 수 없게 된다. 사는 게 어려우면 누구든지 일단 행복복지센터로 찾아가라.

"살려고 노력하는 자에게 절망은 없다."

담금질

자기 인생에서 순탄하게 흘러가는 인생은 없다. 좌로 돌고, 우로 돌고, 내리막 오르막 다 만나게 되며, 고난과 역경의 가혹한 시련도 겪게 된다. 힘든 상황의 어려운 여건들은 사람 담금질에 해당하는 것이며, 이 부분에서 마음이 크게 성장할 수 있는 계기가 되기도 한다.

"사람이 하는 일이란 다른 사람에 의해서 위안도 되고, 위험도 되고 하는 것이다. 그래서 순탄하게 가는 인생은 없는 것이다."

인생답게 살라

인생은 이렇게 사나 저렇게 사나 어차피 자기 인생이겠지만 의미가 없는 인생이기보다는 의미가 있는 인생이 되어야 한다. 의미와 가치가 없는 당신의 인생이 지금껏 계속되어 왔다면 어디에 가서 함부로 인생이라고 말하지 말라. 벌레인생과 사람의 인생은 다른 것이다.

"사람이 살아가는 것이 인생인데, 사람답게 살지 못하고 본능의 동물처럼 살아가게 되면 벌레인생과 다를 바 없다."

당신의 미래

과거, 현재, 미래는 3세 구분이지만 한 묶음이다. 현재 당신의 생활태도가 좋게 바뀌지 않는다면 당신의 미래는 항상 과거의 공간에서 머물게된다. 이는 발전이 전혀 없게 된다는 뜻이다.

"발전이 없어도 좋다, 돈만 많이 갖고 있으면 끄떡없다고 생각하는 사람들은 죄다 개똥인생으로 살아가게 된다."

기다림의 기술

기회는 일생에 세 번 온다고 한다. 기회를 다 놓쳐버리는 어리석은 사람이 되지 않으려면 기회에 대비한 마음의 준비를 해 둬야 하고, 아무데나 섣불리 들이대지 말고 참고 기다릴 줄 아는 지혜는 좋은 기회를 맞아 아름다운 성공으로 가는 기술이 된다.

"'이것이 너에게 주어지는 기회다.' 하고 표시내면서 오는 기회는 없다. 그러나 준비가 되어 있는 사람은 자기에게 기회인지, 아닌지 알게 된다."

가장 행복한 사람

자기 인생에서 어느 누구나 현재에 머무는 그 자리에서 규모가 크든,

작든 자기의 수고로 맺어지는 일에 대한 결실을 달콤하게 맛을 느끼면 순수하게 기뻐할 수 있다. 거기다가 다른 사람들과 나눔이 있는 사람이라면 가장 행복한 사람이 된다.

"화분에 꽃나무 한 그루를 심어 키우더라도 정성들여 키워서 예쁜 꽃이 피는 것을 보고 순수하게 기뻐하는 이런 마음이 행복이다. 자기의 정성이 깃든 사랑이 진정한 행복인 것이다."

小確幸(소확행)

소확행이라는 말은 원래 없는 말이다. 사무실 직원들의 심심한 입가심을 위해서 사다 놓은 커피나 사탕, 과자류를 직원들이 먹으면서 약간의 시간적인 여유를 느끼는 것을, '작지만 확실한 행복'이라는 말로 나타나게 된 것이다. 엄밀하게 따지면 이건 행복이 아니고 마음의 위안이나 약간의 즐거움일 뿐이다. 행복은 공짜로 생기는 것이 아니고, 주는 사랑, 즉 자기 돈을 들여 남의 입을 즐겁게 만들어주는 것이 행복인 것이다.

"대부분의 사람들은 기쁨과 즐거움을 느끼는 감정을 행복으로 알고 있다. 이는 행복의 실체를 모르고 있는 것이다. 행복이란 자기의 안위가 그 어떤 위협의 테두리 안에서 머물지 않게 된다는 평온한 마음일 때 행복의 실체를 논할 수 있다. 그래서 주는 사랑을 하라는 것이다."

행운

행운은 자기 인생의 삶을 열심히 살아가려고 노력하는 사람에게 행운을 맞을 기회가 주어지는 것이기에 게으른 사람에게는 행운이 근처에 가지도 않는다.

"게으른 사람에게 소발에 쥐잡기 형태로 횡재하는 재수는 있을 수 있다. 그러나 행운과 횡재는 뜻이 완전히 다른 것이다."

동화작용

사람은 주변 환경의 영향을 받는 것에 민감하다. 하여 성질이 고약하거나 심성이 나쁜 사람일지라도 공동체생활에서는 다른 사람들과 만남이 잦은 관계로 동화작용에 의하여 나쁜 행동을 할 수 없게 된다. 그러나 외곬 상태로 혼자 지내는 시간이 많은, 성격이 안 좋은 사람은 동화작용이 없는 관계로 나쁜 짓을 저지를 위험이 높아진다.

"외곬으로 혼자 있게 되면 외로우니까 별 오만가지 쓸데없는 잡생각에서 벗어나지 못하는 사람들이 주로 범죄를 저지르게 된다."

가장 큰 실수

일본 속담에 '실수를 하지 않는 것이 가장 큰 실수이다.' 하는 말이 있다. 사람은 실수를 통하여 반성하게 되고, 더 나은 성공을 바랄 수 있게 되며, 더 성장할 수 있는 존재이다.

"생활을 해 나가면서 실수 안 하고 살아가는 완벽한 사람은 이 지구상에 아무도 없다. 시작 단계의 첫술에 시행착오의 비슷한 일도 엄연한 실수인 것이다."

여행의 의미

인생 자체가 여행이지만, 생활을 하다보면 가끔 멀리 떠나는 여행을 가게 된다. 여행을 떠나는 것은 여유로운 마음을 가지는 자기만족이며, 여행에서 느끼는 생각의 변화를 통하여 행복한 삶과 후회 없는 인생을 추구하는 것이어야 한다. 그리고 잘못된 생각과 편견으로 일관해 온 태도를 바꾸는 계기가 되어야 한다.

"촌닭 같은 인간들은 멀리 여행을 가면 자기가 돈 좀 있다고 유세 떨러 가는 줄 안다."

虛榮(허영)

허영의 대명사는 여자, 허영의 여자들을 위해서 재물에 과다한 욕심을 내는 사람들은 나쁜 남자들, 허영의 비뚤어진 사람들의 마음은 재물을 자기 우상으로 삼는 어리석은 사람이며, 틈만 나면 도둑질하려고 눈을 돌린다. 이런 부류의 남자라면 술과 여자와 돈만 밝히는 나쁜 사람으로 존재하게 된다.

"허영에 마음을 뺏긴 여자들이 남자들을 개똥인생으로 가게 만든다."

자기만족감

사람은 누구나 자기만족감을 채우기 위해서 산다. 그것이 개인적인 욕심이든, 소수나 다수를 위한 사랑이든 자기가 원하는 만족을 위해서 산다. 자기만족감이란 인생의 여정에서 잠시 짐을 내려놓고 쉬어갈 수 있는 마음의 휴게소와 같은 것이다.

"혼자만의 인생 휴게소는 의미가 없다. 다른 사람의 따뜻한 마음 한 잔 마시고 갈 수 있는 가까운 사람의 '사람 휴게소'가 있어야 한다."

심신건강

인생을 생각하면 건강이 최우선이다. 매서운 추위를 느껴 본 사람이라면 따뜻한 곳이 그리워지겠지만 정작 필요한 것은 어떤 환경이든 이겨낼 수 있는 몸과 마음의 건강함이다.

"매일 매일 당신의 건강과 행복을 위해서 움직였다면 그것이 인생의 현명한 답이 된다."

행복창조권리

자기가 가진 것이 없고 남에게 줄 사랑의 여력도 없으면 행복을 찾기가 쉽지 않다. 그러나 인생의 행로에서 직업 없이 살아가는 사람은 없으며, 당신이 맡고 있는 직업의 일을 사랑이라는 동기부여에 의하여 일을 잘할 수 있는 능력을 키웠다면 당신은 행복창조권리를 손에 쥔 것이나 같다.

"행복창조권리를 손에 쥐었다고 자부하는 사람들은 주변 사람들에게 인심을 넉넉하게 쓸 줄 알아야 한다. 이것이 진정한 행복창조가 되는 것이다."

경제 목표

넉넉한 경제는 사람의 마음을 푸근하게 만든다. 인생을 80세로 보고 있다면 경제 5개년 목표 설정을 다섯 개는 채우고, 10년 목표 설정이라면 세 개는 채워라. 미래에는 훨씬 나은 경제의 넉넉함을 누릴 수 있을 것이다.

"나라의 경제문제라면 국민들이 열심히 일을 하는 게 최상의 선택이다. 하지만 개인적인 경제문제라면 각기 분야가 다르니 자기 능력에 맞는 계획을 수립해야 한다."

過猶不及(과유불급)

무엇이든지 간에 한꺼번에 과잉 섭취하지 말라. 필요 이상의 과잉 섭취는 이로움보다는 부작용이 더 크다. 인생의 삶에서도 이와 다르지 않다. 지나치게 많은 것은 부족한 것만 못하다.

"밥 먹는 것도 맛있는 반찬이 많다고 한꺼번에 많이 먹게 되면 위가 짜구난다."

* 짜구 : 위장이 늘어나서 위장 기능이 떨어지는 상태와 올챙이 배라는 뜻

태어난 보답

아는 게 많다고 자만하지 말고 언제나 배우는 자세로 인생을 살아라. 이것이 세상에 태어난 보답이 되는 것이다. 남을 애써 가르치려 들지 말고 많이 듣는 것을 즐겨라. 수용력에 의해 가슴이 열리고, 인생의 의미를

깨달을 수 있는 좋은 상황이 되는 것이다.

"아는 것이 한 개라도 더 많으면 많은 만큼 남들과의 소통이 더 원활하게 된다. 이는 자기 인생이 성공으로 가는 길이 된다."

몸과 마음

마음이 편안하지 못하면 몸의 편안함을 기대하기 어렵고, 몸이 편안하지 못하면 마음 역시 편안하지 못하다. 건강한 육체에 건강한 정신이 깃든다고는 하지만, 이는 운동을 적당량으로 열심히 하라는 것이다. 그러나 성격이 나쁘면 몸이 건강해도 정신은 썩을 수 있다. 몸이 건강하고 마음이 편하게 되면, 아름다운 결실을 맺을 미래로 가는 바른 정신을 갖고 살아야 한다. 여기에 좋은 책을 읽어 마음에 양식이 깃들면 당신의 멋진 내면도 볼 수 있게 된다.

"마음과 몸과 정신이 올바르면 당신이 날 수 있는 날개가 되고, 셋 중에서 한 가지라도 올바르지 않은 게 있다면 날개는 없다."

명분

명분을 세울 때는 이익이 되는 쪽으로 세워라. 명분이란 정당성에 대한 보상을 받기 위함이다. 스포츠경기에서도 마찬가지다. 이길 수 없으면 당당한 패배자가 되어라. 명분 있게 지는 법을 아는 것도 삶의 지혜가 된다.

"지는 것도 실력에 차이가 나면 당연히 지게 되는 것이다. 이기고 지는 것에 특별한 명예는 없다."

자기 포기

자기를 사랑할 줄 모르고, 자기를 사랑하지 않는 자기 포기와 같은 사람에게는 어떠한 좋은 조건도 수용할 줄 모르게 된다. 따라서 아무런 도움도 되지 못한다.

"자기 포기라고 하여 자기 권리 포기를 한다는 것이 아니다. 자기 포기의 사람이란 주변 사람들에게 피해를 줄 수 있는 무서운 사람과 같다는 뜻이다."

웃음치료약

건강하게 자주 웃는 밝은 웃음과 아침의 이슬 같은 영롱한 미소는 집착이 없는 마음이 되어 몸의 신진대사를 원활하게 하는 근본적인 치료약이다.

"웃는 것은 돈 쓸 일이 없으니 얼마든지 실컷 웃어도 된다."

자기와의 싸움

정신적으로나, 육체적으로나 자기 스스로의 질타 같은 노력의 담금질을 통해 자기를 강하게 만드는 것이 자기와의 싸움이다. 이는 자기가 자기를 사랑하기에 할 수 있게 되는 것이다. 자기사랑이 아니면 자기와의 싸움은 없게 된다.

"자기사랑은 자기의 존엄이며, 사랑의 힘이며, 밝은 사회의 빛이다."

정성의 효과

스스로 갈고 닦은 이론의 학습과 기술 그리고 정성을 담은 정신의 노력으로 일을 한 하루의 값어치가 통상적인 일상의 일로 보낸 하루보다 경우에 따라서는 수십, 수백 배 이상의 좋은 효과를 가져 올 수 있다.

"대박의 길을 만나게 되는 것도 모두 정성어린 노력의 효과 덕분이다."

당신의 팔자

자기가 해야 할 상황의 일에 본체만체하는 마음, 마음은 있지만 쉽게 움직이지 않는 마음, 곧장 움직이며 노력하는 마음, 이러한 마음상태에 따라 당신이 취하는 결실의 결과는 당신의 운명 팔자가 된다.

"'고생 끝에 낙이 온다.', '신수가 훤한 걸 보니 팔자가 폈네.' 하듯이 노력의 결실이 팔자가 되는 것이다."

청결 유지

자기가 살고 있는 주변의 청결을 위하여 청소를 하는 것은 다른 사람들과 자기에 대한 예의이자 사랑이며, 밝은 사회를 만들려는 마음이며, 세상에 태어난 보답의 행위이며, 업을 지우는 덕을 쌓는 정성이며, 마음의 때를 씻어내는 마음수양이다.

"청소하기 싫어하는 사람은 빗자루 한 번 드는 일이 없고, 놔두면 남이 다 치워주는 줄 안다. 청소하기 싫어하는 사람은 마음에 때가 많은 사람에 지나지 않는다."

돈의 성질

돈은 죽는 일이 없고 계속 쌓이기만 하고, 돈이 많으면 돈이 돈을 벌고, 돈이 없는 사람은 노동의 보수로 쥐꼬리 만한 돈만 손에 쥐게 된다. 수없이 많은 돈은 다 어디에 처박혀 잠을 자는지 몰라도 돈의 성질은 돈을 많이 가진 사람들을 악의 구덩이로 몰아넣는 힘을 발휘한다. 그리고 돈이 없는 사람들을 계속 어렵게 살게 만들고 돈의 노예들을 禍根(화근)의 근원지로 삼으려고 한다.

"돈만 쫓아 살게 되면 한순간에 신세 망치는 수가 있다."

창의적인 발상

살아가고 있는 환경적인 조건의 다변화를 통한 경험들이 한데 뭉쳐 춤을 추다보면 거기에서 창의적인 발상이 툭 튀어 나오게 된다. 여하튼 인생을 살아가면서 이런저런 많은 경험들을 겪어야 창의적인 생각을 할 수 있다.

"마음을 놓고 몸이 편하게만 지내다 보면 창의적인 발상은 생각하기조차 어렵게 된다."

음식예절

돼지 같이 먹지 말라. 사람이라면 먹는 음식을 정성스럽게 먹는 습관을 들여야 한다. 산해진미 가득한 푸짐한 한 상의 식사도 바라지 말라. 다 먹지도 못할 뿐더러 먹은 음식물에서 섭취하는 영양가는 3분의 1도 안 된다. 쓸데없이 낭비하는 음식은 죄업 중에 아주 중한 죄업이다. 간단하게 먹더라도 정성이 깃든 음식을 남기지 말고 잘 먹어두는 습관을 들여라. 이는 神(신)에 대한 감사함의 경배와 같기 때문이다.

"부처님은 호화스럽고, 사치에 찌들고, 많은 시녀들 속에서 돼지처럼 많이 먹을 수 있는 왕자의 신분이었지만 모든 걸 버리고 홀홀히 수도의 길에 나서서 세상을 구제하였다."

불혹의 40세

나이 40세 되기 전에, 이왕이면 일찍 세상의 이치를 터득하여 결혼하기 전이라도 세상을 잘 헤쳐 나갈 인생의 지혜를 갖추고 살아가는 것이 현명한 삶이 되고, 남들보다 앞서 나가는 길이 된다. 불혹이란 세상의 유혹에 현혹되지 않는 나이를 말하는 것이다. 불혹을 모르고 사는 40대의 사람들이 무지하게 많은 것은, 다들 자기 인생을 개똥처럼 생각하고 있다는 뜻이다.

"경쟁시대에 살고 있으면서 돈이 많아야 사람 행세할 수 있다는 그 가치관을 쳐부수지 않으면 개똥인생이 된다."

습관의 행보

생활습관이 좋아지게 되면 마음이 편해지고, 좋은 운명으로 살아가는 길이 열리게 된다. 생활습관이 나빠지게 되면 마음은 불편하게 되어 나쁜 운명의 길로 빠져들게 된다. 이러하니 항상 생활습관을 좋은 쪽으로 갖는 마음을 늘 유지하고 살아가야 한다.

"자기 인생이라고 생각 없이 함부로 사는 것은 지극히 위험한 짓의 어리석은 삶이 된다."

氣(기)

기운의 氣를 알면 이것의 응용으로 자신의 몸을 한층 가볍게 움직이게 할 수 있는 방법을 알게 된다. 물은 아래로 가라앉는 중력의 힘을 받지만 氣는 중력의 작용을 받지 않는 존재이다. 사람의 몸은 물과 氣를 함께 갖고 있다.

"몸을 가볍게 움직이게 하려면 꾸준한 지구력 운동도 좋지만, 순간적인 파워를 최대치로 낼 수 있는 무술운동이 적합하다. 숨을 쉬는 허파가 헐떡거리도록 운동을 하면 된다."

눈물의 빵

눈물의 빵을 먹어보지 않고서는 일에 대한 고마움을 알 길이 없다. 요즘은 시대가 좋아져서 눈물의 빵을 먹어 본 사람이 있을까? 그러기에 일에 대한 고마움을 모르고 사는 사람들이 많은 것이다. 일하는 즐거움을 아는 사람은 매일 매일이 보람이요 희망에 대한 행복 속에 젖게 된다.

"오늘 하루도 일할 수 있음에 감사하라."

욕심 없이 살라

자기 인생에서 좋은 노력의 결실에 대한 희망은 유지하면서 살아가더라도 나이 60세가 되면 그 어떤 것의 욕심에도 연연하지 않고 살아가야 주위의 존경을 받는 사람으로 존재할 수 있다. 희망에 대한 결실은 나이 제한이 없으니 포기하지 마라.

"인간 행세 똑바로 못하는 노인들한테 '어르신'이라는 호칭으로 부르고 싶은 사람은 아무도 없을 것이다."

원칙 적용

원칙에 입각한 잘 세운 계획의 실천에서 만족스런 결과로 나타나면 흡족한 기쁜 마음이 들 것이다. 기쁨은 즐거움이 되고 다음에 또 비슷한 일을 하더라도 성공의 경험은 다시 성공하게 만든다. 어떤 새로운 일을 할 때 원칙의 적용은 성공으로 가는 지름길이다.

"원칙이 없는 주먹구구식 일의 진행은 큰 낭패를 겪을 수 있다."

참된 반성

나쁜 생활에서 탈피하여 좋은 생활을 하면서 살아가고 싶은 마음이 들 때는 먼저 자기반성이 으뜸이다. 그리고 좋은 책을 찾아서 독서를 즐기는 시간을 많이 갖게 되면 책은 당신이 뛰어 놀며 등을 비벼댈 수 있는 큰 언덕이자 당신이 가야 하는 길의 이정표가 되어 준다. 뭔가 아는 것이 좀 있어야 자기반성을 통해 깨달음을 할 수 있다.

"사람으로 태어나서 벌레인생으로 살 바에는 차라리 개로 태어나는 것이 더 낫다."

티끌

티끌 같은 구차한 것에 연연하지 말라. 티끌은 티끌일 뿐이다. 복잡한 세상살이에서 티끌 같은 소소한 것들의 이익에 마음이 얽매이게 되면 정상적인 올바른 정신체계를 수립하기 어렵다. 차라리 자갈밭을 일구어 기름진 옥토의 밭으로 개간하는 것 같이 큰마음으로 살라.

"포인트, 쿠폰, 사은품, 마일리지 등, 이런 소소한 이익에 집착하는 사람들은 대범한 마음을 지니고 있는 사람이 거의 없다."

생활의 판도

인생을 살아가면서 지나간 것은 생활의 판도가 어떻게 갈라졌든 모두 꿈이었으며 그림자에 불과하다. 당신이 어느 쪽을 가든 햇살은 비치고, 새로운 마음으로 시작하는 일에도 햇살은 비추고 있다. 삶의 과정에서 무엇을 배우고, 어떻게 생각하고, 어떻게 성장하느냐에 따라서 햇살의 빛을 많이 받는 대박의 길로 갈 수도 있고, 햇살의 빛을 적게 받는 어두운 길로 갈 수도 있다. 햇살을 많이 받는 인생의 길로 가려 한다면, 확신에 찬 환희의 마음으로 즐겁게 행진하라.

"밝은 햇살을 받은 그림자는 꿈이어도 좋다. 그 꿈은 바로 당신의 훌륭한 흔적이 된다."

행복을 위한 마음

어두운 곳에서는 보려고 해도 보이지 않고, 밝은 곳은 눈을 감고 있어도 빛이 있다는 것을 안다. 행복은 밝음 속에 있으니 어둡게 사는 나쁜 생활 100년의 삶보다 밝음 속에서 1년을 살다 갈지라도 1년의 삶이 더 낫다.

"행복이 없는 생활의 삶은 아무런 의미가 없는 벌레인생이 될 뿐이다."

무식하면

나쁜 인생을 살고 있는 사람들이 사랑에 의한 진정한 용기는 없고, 무식한 사람은 만용을 용기라고 생각한다. 만용에 의한 행동은 귀신도 때려잡을 폭력으로 나타난다. 이런 사람들의 기억에 의한 생활의 궤도는 주로 나쁜 느낌 속에 머물게 되며, 나쁜 느낌의 기억은 나쁜 느낌의 일과 맞닥뜨리게 된다.

"무식한 사람은 아는 것이 별로 없어도 배우려고 하지 않고, 오로지 자기 힘의 물리력에 의존하고 살아간다. 그래서 위험한 사람이 된다."

혼자 있을 때

다른 사람들과 어울려 있을 때는 현실적응이 되겠지만, 기분에 의하여 스스로 혼자가 되었을 때는 멍하니 시간만 보내지 말고 생각을 파고들어 자기만의 철학자가 되어라. 고독의 번뇌 속에 철학이 숨을 쉬고 있다. 한 번의 생각은 두 번의 생각을 불러오고, 두 번의 생각은 3, 4, 5 순번대로 생각을 불러오게 된다. 이러한 생각의 틀에서 자기만의 철학이 생겨나는 것이다.

"이 세상에 생각도 없이 철학자가 된 이는 아무도 없다."

식충이

삶의 의미를 모르고 자기 인생을 살아가고 있다면 그 인생은 인생이 아니라 밥만 먹을 줄 아는 벌레인생이 되는 것이다. 삶의 의미는 가치의 인생을 사는 것에 있다.

"많이 배운 것도 없이 주먹질로 먹고 살아가도 스포츠선수로 둔갑할 수 있는 것이 가치의 인생으로 살아가는 길이 된다."

'차카게 살자'

사람들 모두가 착하게 살아갈 수 없는 구조의 사회에 묻혀 살아가고 있다. 사람의 마음이란 때로는 간교해서 다른 사람들 모두가 만만하게 보이면 거기서 대장 노릇 한 번 해보려고 쓸데없이 나서는 나쁜 마음을 가진 사람이 분명히 있다. 그러나 이런 사람도 팔뚝에 '차카게 살자' 하는 문신을 새긴 사람을 대하게 되면 기가 질려 입도 뻥긋하지 못한다. 착하게 살자 하는 것은 더 이상 죄를 짓지 않고 살겠다는 각오다. 그러나 숨은 암시의 뜻은 '나를 잘못 건들면 너 죽는 수가 있다' 하는 뜻도 있는 것이다. 사회구조가 허락하든, 안하든 벌레인생의 사람들이 많든, 적든 자기의 밝은 미래를 원한다면 어찌되었거나 착하게 살아가도록 마음을 다져야 한다.

"착하게 살지 않으면 악한 행동을 하게 된다. 그러면 당신의 인생이 실패한 인생이 될 위치에 서게 된다."

삶의 목적

범부들 인생의 삶에 삶의 목적 같은 것은 유명무실하겠지만 삶의 기본 목적은 있다. 삶의 목적은 자기 자신의 즐거운 생활과 사랑과 행복과 건강을 위하고, 아울러서 남을 위하는 배려와 사회를 위한 질서 있는 행동과 나라를 위하는 의무를 행하고, 크게는 인류를 위하는 삶의 노력이 목적이 된다.

"이 사람 저 사람 다 붙들고 삶의 목적에 대해서 물어봐도 모르고 있는 사람들이 너무 많다."

삶의 목표

평범한 사람들은 삶의 목표가 돈이나 권력 또는 출세에 관한 것이지만, 마음이 넓고 정직한 사람들은 삶의 목표를 모든 사람들이 사람답게 살아갈 수 있도록 하기 위한 길을 만들고자 하는 것에 두게 된다. 자기의 경제 사정을 원활하게 하는 것에 큰 의미를 두지 않는다. 이는 자기 직업의 일에서 자기 자리만 잘 지키고 있으면 경제적인 문제는 신경 쓸 일이 아니기 때문이다.

"대의를 위하는 일에 앞장서는 사람과 자기 입에 밥만 생각하는 소인배들과의 생각이 같을 수는 없는 것이다."

사는 형태

인생을 살아가는 삶의 형태는, 새옹지마의 늪에 빠져 사는 우둔한 생활로 오로지 자기 기분만을 위하여 살아가는 사람들이 있고, 자기의 능력을 사회에 보탬이 되게 올바른 정신으로 살아가는 가치의 삶을 사는 사람들이 있다.

"사람으로 태어나서 인생을 살아가는 것이라면 자기 좌우명 한 개는 가슴속에 반드시 새기고 살아가라."

자본주의

승자독식구조의 자본주의는 수많은 사람들이 손해를 보는 불행의 길이 되고, 상생의 상호교류 자본주의는 수많은 사람들이 합당함의 행복을 누리는 길이 된다. 생활은 삶을 살아가는 수많은 사람들의 경제적인 평균치가 높게 나와야 행복지수가 상승하게 되는 것이다.

"승자독식구조의 자본주의를 규제 없이 방치하게 되면 세상은 갈수록 사람들의 악한 감정들만 쌓이게 되고, 사람 사는 사회는 돈만 쫓아 사는 돈의 노예들만 득실거리게 된다."

슬픈 사회생활

이 세상을 살아가면서 겪어야 하는 슬픈 사회생활이라는 것이, 사람다운 사람들이 사람답지 못한 사람들과 함께 공존하며 사회생활을 하고 있다는 점이다. 사람답지 못한 사람들이 사회에 끼치는 악행의 영향은 사람다운 사람들이 손해를 감수하는 입장이 된다. 하여 악행에 대한 처벌법은 단호하고 강경하여야 하는 것이다.

"인격이 개차반 같은 사람이라면 인권을 논하지 말라."

생활의 미학

끝없는 욕심의 팽창은 인간의 가치를 추락시킨다. 사람다운 사람들은 욕심과 절제 사이에서 적당함의 미학을 추구하게 되는데, 욕심이 지나친 사람들은 부당한 욕심의 집착으로 다른 사람들의 눈물을 훔쳐가는 행위도 서슴지 않게 한다. 욕심도 적당히 가지고 살아가야 사람대접도 적당히 받게 된다.

"지나친 욕심으로 인하여 사람대접 제대로 못 받고 저승에 가면 바로 지옥행 급행열차를 타야 한다."

가식과 재능

남들과의 불협화음으로 인한 분쟁이 발생하는 것은 사회적 가식의 틀에 갇혀 살아가고 있기 때문이다. 이 가식의 틀에서 벗어나려면 남들이 쉽게 할 수 없는, 그 무언가의 특별한 재능을 지니고 있어야 한다. 이것이 남들과의 불협화음 분쟁을 피하고 당신의 인생을 값지게 열어가는 길이 되기 때문이다.

"사회적 가식의 틀 안에서 남들 하는 만큼 하고 살아가려면 참 피곤하다. 이를 피하려면 자기의 인생을 당당한 주인공으로 살아나갈 길을 열어라."

차량운전

차량은 생활수단이지 기분 내고 허세부리라고 있는 것이 아니다. 운전깨나 한다고 기교운전하다 차량사고로 죽어가는 사람들이 많은 것은 생각의 개념이 없어서 그런 것이다. 차량은 능숙한 기교로 운전하면 안 되고, 안전운전에 의한 기본적인 마음자세로 해야 한다.

"교통사고 많이 나면 수많은 사람들이 시간적, 경제적 손실을 입게 된다."

잘 먹어야 할 세 가지

사람이 먹을 수 있는 것은 세 가지가 있다. 그 하나는 음식을 잘 먹어야하고, 그 다음 하나는 나이를 잘 먹어야 하고, 나머지 또 하나는 마음을 잘 먹어야 올바른 사람이 된다.

"어떠한 일이라도 필수조건의 부분이 부족하면 잘못된 결과로 나타난다."

* 음식 : 몸의 신진대사를 원활히 하여 건강 유지
* 마음 : 올바른 정신의 고취
* 나이 : 비난을 듣지 않는 생활의 태도